OHSAMA BUNKO

外見から心理分析ができる本

[男と女]篇

齊藤 勇

三笠書房

まえがき

あなたは相手にどう思われているか？
――その五〇パーセントは「外見」で決まる！

人は外見ではない……そうはいいながらも、デートの日には髪形がひどく気になり、服が気になり、何回も鏡でチェックする。人間は、外見が決め手になることを、十分知っているのである。

人間は外見からその人の心を読みとる。とくに、恋人が自分を好きなのか、そうでもないのかが恋愛においては決定的なことであるが、それも外見から読みとる。そのときの読みとり方についても、すでに心理学では研究されている。

心理学の実験に、美人が対応した場合と美人でない人が対応した場合の男性の心理の違いを調べたものがある。

この二人の女性は、実は同一人物である。美人を演じるときには、髪をきれいにセットし、メイクアップし、きちんとした服を着る。美人でない人を演じるときには、ボサボサの髪形で、ダボダボの服を着る。すると、男性の対応がガラッと変わるのである。

同じ人でもこうも変わるのだから、外見がいかに心理に影響するかがわかるだろう。

また、心理学の研究の結果、相手が異性の場合、髪形や服装などの外見を変えることによって、魅力や好感度が同性の場合より大きく変化することがわかっている。だからこそ、デートのときには外見が気になるし、気にする必要があるのである。

相手が自分に好意を持っているかどうかは、五・四・一の法則で読みとるとされている。判断の全体を一〇〇とすると、そのうちの半分、つまり五〇パーセントは表情で好意を判断する。

一〇パーセントは相手のいっている言葉の内容である。だから、「好き」といわれても、その内容だけで相手が好意を持っているとは判断しないのである。

あとの四〇パーセントは話し方である。ここでわかることは、話す中身よりも話し方のほうが、相手の好き嫌いを決めるにはずっと重要だということである。

そこで、どのような表情から相手の好意を見分けるか、どのような話し方から相手の心理を知るのかが問題となってくる。それに答えるのが本書である。

本書では、対人心理学や比較行動学の知識をベースに、人の動作やしぐさ、表情、行動などから、その人の心理を分析する多くの情報を提供していくことにする。

人は見かけによらないというが、人の心は外に表れる。また、人の心は外に表れた動作や行動からしか推し量ることができない。要は、見かけにまどわされずに、いかに外見からその人の本当の心理を知っていくか、ということである。これは、理屈ではわかっていても、なかなか難しいことである。

というのは、私たちは、外見から人の本心を分析しようとする一方で、相手には自分がよく見えるように印象を操作しているからである。デートの前に鏡で自分の外見をチェックするのはこのためで、「私、きれいかな」と、自分が見せたい自分や相手から好かれるイメージを提示して、オスのくじゃくがメスのくじゃくの前で大きく美しく羽を開くように印象を操作するのである。

それが最もよく行なわれるのは、デートの当日である。でも、そんな姿はいっときの晴れの姿にすぎない。私たちは、その羽の美しさにまどわされずにくじゃくの正体を正しく読みとらなければ、のちのち後悔することになる。

しかし、恋愛は、相手の心理ばかり分析していてもしかたがないし、前に進まない。恋愛の目的は、分析することではなく、成功させることだろう。

そこで本書では、デートのときに、どのように自己提示をすればいいのか、どのようにして相手に自分を魅力的に見せることができるのかについても同時に話していくことにする。恋のキャッチのしかた、進展のさせ方という点からも、どのように外見を見せたらいいかを紹介し、恋愛をうまく成功させるための判断のしかたとアプローチのしかたの両面から心理分析について話していくことにする。

最後に、本書の執筆にあたって、東大森恵子氏、金成恩氏に多大な協力をいただいた。記して感謝したい。

齊藤　勇

外見から心理分析ができる本［男と女］篇●もくじ

PART1　見た目の心理分析

カラダでわかる彼の気持ち、彼女の気持ち

（カラダでわかる心理分析）

PART 2 表情の心理分析

相手の「感情」は、これで見逃さない！

PART3 しぐさの心理分析

嘘つきのしぐさ、本気のしぐさ

PART4 トリックの心理分析

想いがさりげなく伝わる「自己アピール術」

PART5 あとひと押しの心理分析

相手との〝距離〟が一気に縮まる心理学

PART 6 恋に自信がつく心理分析

この態度で決まる！「駆け引き」の心理法則

PART7 会話の心理分析

“正しい判断”ができる人の心理術

本文イラストレーション――麻柴朋貴

PART 1

見た目の心理分析

カラダでわかる 彼の気持ち、彼女の気持ち

人は〝見かけ〟だけで判断できる！

相性のいい相手にめぐり合える人は、ラッキーだといえる。とくに、友人がタイプの恋人と一緒にいるのを見ると、「運がいい人だな」と、なかばうらやましく思う。そして、自分にもそんな運がめぐってくることを願う。

しかし、その運がまわりの人ばかりに当たり、なかなか自分には回ってこないと嘆《なげ》く人が多い。

たしかに、人との出会いには運が関係する。偶然乗り合わせた飛行機の中で将来のパートナーに出会ったという話もある。偶然同じ会社に入社したからこそはじまった恋は数えきれないだろう。

しかし、それは、あくまでも〝出会い〟のチャンスに関していえることで、その偶然を幸運に変えるのは当人である。同じチャンスを手にしていても、それをつかむことができる人と、そのことに気がつきさえしない人とがいる。

「自分には運がない」と嘆いている人の多くは、実は、チャンスに気づかず、みすみす逃しているのである。幸運だと思っている人は、そのチャンスをしっかりつかむことができる人なのである。

たしかに、チャンスは偶然やってくるものだが、そのなかから自分と相性がぴったり合う人を選ぶのは本人の意思である。よきパートナーを見つけようと思ったら、まず人を見る目を養い、チャンスがきたときに、その人がパートナーとして適しているかどうかを的確に判断すること、そしてチャレンジすることである。

恋愛のチャンスがあるからといって、誰でもいいというわけではない。そんなことをしていたら、間違った道に迷い込み、ベストパートナーになかなか出会うことができずに、何度もつらい思いや悲しい別れを味わってしまうことになる。

いい恋愛をしたいのなら、人をきちんと見て、自分に合うタイプを見極めてからチャレンジすることである。「見かけで人を判断してはならない」といわれるが、見かけ、つまり外見で判断できる部分もかなりあるのだ。

相手がどんな人か、自分のタイプかどうか、また、相手はどんなパートナーを求めているのか、どんな恋愛をしたいと思っているのか……それが外見に表れるのである。それを見極めて分析することが、ベストパートナー選びの第一歩なのである。

1

（顔でわかる心理分析①）

髪形で診る――髪の長さと相手との〝距離感〟は比例する!?

髪の毛は、結う、編む、切る、ウェーブをかける、脱色する、着色する……など、独自のテクニックによって様相をさまざまに変えることができる。その際、誰に強制されることもなく、自分の意思で行なっているという点が重要である。

もちろん、時代の流行に左右される場合もあるが、多くの人は、流行をとり入れつつも、自分らしさを失わないよう表現しようと努めるものである。つまり、髪形へのこだわりは、生き方へのこだわりといえる。

生物学的には、髪の毛の長さは男も女も同じだという。しかし、男の髪形は女の髪形よりも短いことが多い。なぜか。

その理由は、短い髪形のほうが男らしく見えるということだろう。伝統的な見地からいっても、短髪スタイルは、戦いの場に出向く覚悟があることを表している。長い髪の毛で戦えば、戦いの最中に相手につかまれて引きずりまわされる恐れがある。戦いにあえて不利な条件で出向くはずはない。

つまり、長い髪形でいるということは、はじめから戦う意思がないことをアピールしているのと同じなのである。逆に、それがやさ男をアピールすることになるのだ。

●長髪の男――まわりにあまり関心がない⁉

そこでまず、長髪の男を分析してみよう。長髪を好む男は、外敵と戦うことにあまり関心がない。何よりも自分が一番かわいい。そのため、恋愛相手に望む第一条件は、自分の夢や志を尊重してくれること。つまり、自分を理解してくれる、ものわかりのいい女性を求めるのである。

しかし、必要以上に干渉されることを嫌い、自分もあまり相手に干渉しないことを信条としている。彼らは、この特徴を理解できない女性には非常に冷酷な人物に映り、大きな食い違いが生じる。相手の愛情が冷めたわけではないのに、早とちりして、「私たち、もうダメね」などと切り出すのである。

そのため、愛情を疑って破局に至るケースが少なくない。相手がかまってくれないからといって、愛情がなくなったわけではない。もともと「自分が一番、相手は二の次」というクセを持っているにすぎない。一見、女性的に見えるが、実は自己チューなので、相手に多くを期待しないことが、このタイプとつきあうコツである。

●短髪の男――男らしい性格。だけど……

逆に、短い髪形を好む男は、自分の男らしさに絶対の自信を持っている。体を張って女を守り、そのために外敵と戦うことが男の本懐であると信じて疑わない。

心も体も頑強で、実に頼もしいが、そのウラには、「守ってやるからには自分に従え」というホンネが隠されていることを忘れてはならない。女性を大切にするが、その見返りとして、自分を尊敬してくれること、従順であること、良妻賢母であること、ほめたたえてくれることを望む、質実剛健で古いタイプの男である。

伝統的な男性像を重視しているため、たとえダンディーでレディーファーストを実行し、一見穏やかそうにふるまっていても、「主人は自分だ」という信念は揺るがない。ただ、おだててさえいればコントロールしやすい相手ではある。

それでは、スキンヘッドを好む男はどうかというと、本人は「超男性的である」、または「超精力的である」ことをアピールしたいと思っている。

その一方で、女性の胸に抱かれて心ゆくまで甘えたいという願望がある。もっとも、その甘えが自分の唯一の弱みであると悟っているので、ふだんはその願望をひた隠しにしているのが常である。

しかし、本当に心許せると信じられる人の前では、それまでの超男性的で超精力的な仮面を脱いで、母親に甘えるかのごとくすり寄ってくる。スキンヘッドが毛のない赤ん坊の頭の象徴であり、女性の母性本能をくすぐるために有効であることを承知しているからである。

二人きりになったときに、肩に頭を寄せたり膝枕《ひざまくら》を要求したりして、自分のスキンヘッドを女性の目に触れさせるようにするのは、赤ん坊にそうするように、やさしくなでてほしいというサインだと受けとったほうがいいだろう。

スキンヘッドの男は簡単には心を開かない。しかし、一度心を開いた相手には隠しごとをしないし、とことん信じて、より深く結びつくことと望む。別れが訪れたときには誰よりも傷つき、なかなか立ち直れないのもこのタイプである。

●脱色や染色を繰り返す男——自由人か？　未熟者か？

それでは、脱色や染色を繰り返す男はどうか。まだ自分の生き方に自信を持てない自分探し途上人か、または、ひとつの生き方にこだわらず、広い視野を持っていたいと願っている自由人である。

これは、恋愛に関してもいえることだ。若者の心を持ち、恋多き日々を望む気持ちが強く、まだ落ち着いた結婚生活は眼中にないため、一生をともにする結婚相手としては、まだまだ未熟といえる。

未熟な若者を調教して育てていく覚悟や楽しみがあるのならばいいが、途中で息切れしたときには、女性が傷つく可能性が高い。距離をおいて観察する冷静さと、年上の女性になったつもりで見守っていく寛容さがあれば、このタイプはなかなか手応えのある魅力的な相手である。ただし、今現在は、安定した末永いつきあいを望むのは難しいだろう。

髪形にこだわり、自分のスタイルを維持している人は、恋愛グセもまず変わらないと見ていいだろう。

しかし、行き詰まったときにはリセットも可能である。髪形のイメージをガラリと変えたときには、生き方そのものを変えようとしていることになるだろう。

2

（顔でわかる心理分析②）

額で診る——表情のウラに隠されたホンネは〝眉《まゆ》〟に表れる！

額は「目の上の顔」と呼ばれ、脳、とくに前頭葉が発達している人間ならではの特徴である。そして、額に位置する眉は、その動きによってさまざまな表情をつくる。

かつて、眉は汗や雨が目に入るのを防ぐ役目を担っているといわれてきた。それは間違いではないだろう。

しかし、果たして目の保護にどれほどの効果があるのかとなると、はなはだ疑問である。これほど際立った特徴を持っているのだから、もっと重要な役割があってしかるべきだろう。

そこで考えられるのが、気分を表す機能である。

しかめっ面、仏頂面、泣きっ面、トボケ面……などは、眉の変化があってこその表情である。逆にいえば、眉を上げ下げすることで、自分の気持ちや感情を瞬時に相手に伝えることができるといえよう。

鏡の前で試してみるとよくわかるが、眉間《みけん》に縦じわを寄せれば、眉は下がり、不満や当惑を表すことができる。

また、額に横じわを寄せて眉を上げれば、驚愕《きょうがく》の表情になる。これらは日常的によく見られる表情で、意識的につくろうと思えば比較的簡単につくることができる。

最近では、表情筋の動きを測定する機器が発達し、目では見えない筋肉の動きを機械で測定できるようになった。その測定結果から、愁眉《しゅうび》筋は「嫌い」という感情に直接関連して動くことが判明した。眉の動きをよく見ると、相手の「嫌い」というホンネがわかるのである。

ところで、眉間に縦じわを寄せる一方で、額にも水平にしわを寄せ、眉は下がっているという複合的な表情がある。これは「悲しみの斜め眉」といい、慢性的な深い悲しみを表す。

この表情は、つくろうと思っても瞬時につくれるものではない。意識的につくると非常に不自然な表情になるために、誰にでもできる代物《しろもの》ではないのである。

●こんな男の〝眉の表情〟に女はまいる！

深い悲しみの経験を持たない人は、眉を斜めにしようとしてもうまくいかない。つらい体験を経て、心が引き裂かれるような悲しみを忘れられない人だけが、無意識のうちにつくり上げてしまう表情なのである。

このような表情を見せる人に心を奪われる女性は多い。その暗い陰《かげ》が、かえってその男を魅力的に見せ、女性は自分の力でその弱った心を癒《いや》してあげたいと、母性本能をくすぐられるからである。

しかし、過去に不幸な恋愛を経験すると、その悲しみを癒すことは並大抵ではない。いまだ傷を引きずっているために、恋愛そのものを否定的にとらえてしまうからである。

真剣なつきあいを申し込もうとするとき、あるいは恋愛中に二人の未来について語り合おうとするときに、この悲しみの表情を時々見せる場合は要注意。相手の口から過去の不幸な真実を語らせることができれば心は癒される方向に向かっていくが、その語らせることが、何よりも困難な作業なのである。

よって、健全な恋愛関係を築くまでには、かなりの時間を要することを覚悟しなくてはならないだろう。

3

（顔でわかる心理分析③）

視線で診る――〝視線の方向〟は、何を物語る？

恋愛シーンにおいて、視線は重要な役割を持つ。好ましい人物からの熱い視線は恋愛のはじまりを予感させるし、逆に、熱い視線を送っても相手に無視されたときには、この恋愛は進展しないのだと納得せざるをえない。

そもそも、視線は目の動きによってもたらされるものだ。相手の目が自分に向けられているのか、それとも自分以外の人に向けられているのか……それを判断できるのは、人間の目に白目があるからである。

何をあたりまえのことを、と思われるかもしれないが、白目は人間だけが持つ特異な特徴で、目と目で会話をするという高度なコミュニケーションが図れるのも、このおかげである。

白目の部分は視力とはまったく関係ない。ほとんどの動物は白目のない丸いボタン状の目をしているが、ものを見るためにはそれで十分なのである。にもかかわらず、人間にだけ白目があるのは、視線の方向を読みとるためである。

「心の窓」と比喩《ひゆ》されるように、目の動きは心の動きを映し出してくれることがある。そして、私たちは、しばしば相手の目の動きを観察しては、いろいろな感情や、そこに込められた意味を読みとろうとする。

●視線で読める相手の立場、自分の立場

「相手の心を読みとりたい」「相手の真意を知りたい」と願うときに、視線は自然にその人物に向けられることになる。つまり、視線を向ける者と視線を向けられる者との間には、優劣関係が存在するのである。

特別な例外を除いて、視線は下位の人間から上位の人間に向けられる。その逆はほとんどない。これをよく、「眼中にない」という言い方をする。

恋愛においても上位・下位は存在する。いうまでもなく、好意を持たれた側が上位であり、好意を持った側が下位になる。

「恋愛に上位も下位もない。そんな考え方は不遜《ふそん》だ」と異論を唱える人もいるかもしれないが、ここでは「愛」そのものを論じるのではなく、恋愛の際に起こりうる心理の上下を分析することが目的なので、ご了承いただきたい。

下位にいる人の目は、上位にいる人の反応を探ろうとして、常にその人に向けられる。人を好きになってしまうと、その思いを気づかれまいとしてさりげなさを装おうとするのだが、その視線は、好きになった人を無意識のうちに追ってしまうのである。「ハッと気づいたら、その人を見つめていた」という経験は誰にもあることだろう。これは、好きになったときに起こる当然の反応である。

しかし、なかには、自分が下位に位置することを極端に嫌う人がいる。「好きになったほうが負けだ」と思っているのか、頑《かたく》なに自分の気持ちを隠したがるのである。この傾向は、とくに男性に多く見られる。

●サングラスをかける男——人見知りの裏に隠された本当の性格とは?

好きな女性と会っているときにも常に濃い色のサングラスをかけている男がいるが、これは、ファッションのひとつである前に、「恋愛で下位に甘んじるのはイヤだ。相手よりも優位な立場でいたい」という気持ちの表れである。自分の視線が相手に向いてしまうことを、何よりも相手に悟られたくないのである。

「恋愛の勝負は、より愛したほうの負け」と思っているために、いつでも自分がより

愛される側の位置に立っていたいと望むのだろう。

　サングラスをかけるのは照れ屋だからだと言い訳する人がいるが、照れ屋であるどころか、「自分は見つめられる側の人間だ。愛するよりも愛される側の人間だ」という、かなり傲慢《ごうまん》な恋愛観を持っていると考えられる。

　たとえ自分から好きになることがあったとしても、おそらく、自分の気持ちをひた隠しにするだろう。

　自分の気持ちを相手に気づかれて下位の立場に立つよりも、気づかれないままやり過ごしてしまうほうがまだましだと、あくまでも突っ張って見せるはずである。

4 （顔でわかる心理分析④）

鼻で診る――鼻に触りたがるのは、どんなタイプ？

目や口に比べると、鼻自体は表情に乏しい。

可動範囲が狭いという条件下にあるため、嫌悪を感じたときにしわを寄せたり、怒りや恐れで膨《ふく》らませたり、イラ立っているしるしに鼻を鳴らしたり……と、表現の手段としては微々たるものである。

鼻自体の変化で相手の心理を測ることは、よほどの観察力がないと困難である。四六時中相手を見つめ続けても、思ったほどの心理データを得られるとは限らない。

しかし、鼻の機能は生命を支える空調装置という重要な役割を担っている。同時に、においをかぎ分けたり声を共鳴させたりするのも鼻である。

また、俗説ではあるが、鼻は男根を表すシンボルであるという説がまことしやかにささやかれていることもあって、とくに男にとっては、心理的にも大事な部分なのである。

●人が鼻に手を触れるのは、こんなとき

そこで、自分の鼻に手を触れる人を分析してみると、さまざまな心理を読みとることができる。

鼻に触れるということは、自己接触の信号であり、自分をなぐさめるときに起こす行動である。

たとえば、難問にぶつかって答えを出せないとき、物思いにふけっているとき、そして矛盾を抱えて身動きがとれないときなど、人は鼻柱をつまむ動作をする。

心理的に行き詰まったときには、本来なら誰かに助けを求めたい。しかし、状況的にも心情的にもそれが無理な場合、自分の手や指を用いて鼻柱をつまむ。しかたなく鼻に触っているうちに、それがクセになってしまうのだ。

これは、鼻という自分の分身をしっかりつかむことで、瞬間的にでも安心したいと願う心理の表れである。

自分の鼻に常に手をやるクセがある人は、何ごとに対しても弱気で対処してしまう傾向がある。新しいことをはじめるときに二の足を踏むタイプで、他人の言動に影響されては、右に左にと揺れ動く。

とるに足らないような小事であっても、常に不安がつきまとって、なかなか結論が出せない。ましてや、自分の人生を左右するほどの難問に迫られた場合には、自分のなかで処理しきれなくなり、ついには投げ出したり、完全に人任せにしたりしてしまうことになる。

恋愛においても同様である。自分から積極的に行動を起こすことはせず、とにかく相手の動向を探る。幸運にも相手が近づいてきてくれればそれでよし。あとは相手のリードに任せて、自分は従っていればラクだと考える。

二人の間で争いごとが起きた場合も、納得できるまでとことん話し合うことはしない。だんまりを決め込んで相手が折れてくれるのを待つか、納得できなくても相手に花を持たせてしまうことで、その場を終結させるのである。

●「鼻に触りたがる男」とはこうつきあえ！

こういうタイプの男とつきあう場合、女性はとにかく強気でいることが一番である。押しの一手でアプローチすれば、まず、交際はスタートできるだろう。

問題はその後のつきあい方である。不満が多いにもかかわらず、それをなかなか口にしないため、相手のその不満に気づかないでいると、いつのまにか溝が深まって、修復できないところまできてしまう。

こういう男は、自分の心が相手の女性から離れたとしても、おそらく、自分の口から別れを切り出すことはしない。別れの際のゴタゴタを何より嫌うし、できれば静かに終わってほしいと望むからである。

気がついたら、いつのまにか姿を消していたという方法をとることも多い。白黒はっきりさせたい女性にとっては、なんとも歯切れの悪い結末を迎えることになるだろう。

ちなみに、人を騙《だま》したり欺《あざむ》いたりするときには、鼻に軽く触れたり鼻をこすったりする。嘘をつくことは悪いことだとわかってはいるが、相手も自分も傷つけないための方法はそれしかないと居直ったときに、自分の手はつい鼻に伸びてしまう。自分自身を保護しなければならないと思うからである。

そして、「嘘は悪いことだと思う自分」と「嘘をつく自分」との間に生じる自己矛盾を解消するために、鼻をこするという行動で自分をなぐさめるのである。

5 （顔でわかる心理分析⑤）耳で診る――ピアスの数は、何の数とイコール？

イヤリングの歴史は四〇〇〇年にもおよぶという。もともとは災いから身を守るためにつけられたものだが、その後は富と社会的身分を表す装飾品として用いられるようになった。

また、耳は知恵を取り入れるための部位であるという考え方もある。大きな耳を持つということは、それだけ多くの知恵を得ることができ、さらに知力を伸ばすことができるという理由から、耳の大きい人はお金持ちで頭もいいという俗説が生まれた。そのため、かつての賢者たちは、競って耳に重い飾りをつけるようになったという。

いずれにしても、いつの時代も、耳は単なる集音器ではなく、そこに装飾を施すことによって、自分の願いや主張が込められていたのである。

そして、現在の日本では耳にピアスをする若者が激増しているが、これを単なるファッションの一現象としてとらえるのは、あまりにも浅薄《せんぱく》である。とくに男のピアスは、年配の人々から顰蹙《ひんしゅく》を買いながらも、さらにその数を増やしている。そして、そこには、彼らのあるメッセージが込められているのである。

●ピアスをつけたがる人は、何を表現したがっているのか？

ピアスの穴は、彼らにとっては「風穴」である。現状に不満を持っているものの、その不満を解消する術《すべ》が見つからない。だからといって、妥協するつもりも流されるつもりもなく、何とかして違う風を吹かせたいという意思を持っている。ピアスはその表現手段であり、いわば、反乱分子たちのバッジなのである。

目立たないようにひっそりとつけている場合はその限りではないかもしれない。しかし、まるでまわりにアピールするかのように、あえて目立つピアスをつけている人は、まわりに対して明らかに何かを働きかけている。そして、自分では気づかないうちに、自分と同じ志を持つパートナーを探しているのである。

そのために、彼らは恋愛相手も反乱分子のバッジをつけていることを望む。また、つけているピアスの数は、そのまま不満の度合いを示している。その度合いが近ければ近いほど結びつきは深く、無意識のうちにそういった相手を求める。

また、彼らの不満は、社会や年配の人々といった外敵に向けられるだけとは限らない。多くの場合、自分自身の内側に不満を抱いていることがある。自分がそれに気づいている場合もあるし、自分ではそのことに気づかないまま欲求不満だけを募《つの》らせている場合もある。

それでも、やはり、彼らは同じ思いを持った相手をすばやくキャッチする。互いに引かれ合うといってもいいだろう。

好きになった相手の耳にピアスが光っていたら、その人が持っている不満を理解することからはじめるべきである。自分も相手と同じ数のピアスをするという思いきった方法に出てしまうのが、その相手に近づく一番の近道ではある。

人は同じにおいを持つ人に引かれる。近づくことはたやすい。しかし、恋愛関係を紡《つむ》いでいくためには、二人の関わり合い方を慎重に考えていかなければならない。

不満を語り合うだけでは、さらに不満の量を増幅させるだけである。前進することもなければ、答えも見つからない。「同病相憐《あわ》れむ」という状態を延々と引き延ばすだけである。

彼らが本当に求めているのは、傷を舐《な》め合う相手ではなく、反骨精神を理解した上で一緒に答えを探してくれる相手である。そこを見誤ってはならない。

6
（顔でわかる心理分析⑥）
唇で診る――キスをしたがる人、されたがる人の違いは？

キスは、恋人同士の間で交わされる愛の証《あかし》、そして性的刺激として用いられるが、もともとは、母親と乳児の間で行なわれた授乳行為、そして離乳行為に端を発している。

精神分析では、生まれたばかりの乳児がこの世ではじめて経験する快楽は、母親の乳房を吸うことだといわれている。

母乳は、まさに母親の愛であり、愛情を求める乳児と愛情を与え続ける母親との間には深い信頼関係が築かれ、乳児はそれを唇に記憶する。

そして、離乳の時期になると、離乳食を体験しながら、乳児は幼児へと成長する。いまは便利な離乳食が多く市販されているが、かつては母乳から固形食に切り替えるこの時期に、母親は自分の口の中でかみ砕いた食べ物を口移しで与えていた。母親から食べ物を与えられるということは、生きていく力を与えられるということ。そして、その喜びは、唇と唇の接触からもたらされていたわけである。

授乳期や離乳期に体験した快楽は、その後の行動パターンを確立するものである。

母親の乳房を吸うことで得た喜びや、母親から口移しで生命力を与えられた喜びを十分に体験した人には、「唇を触れ合うことによって幸せが得られる」ということがインプットされる。そして、大人になって再び味わうチャンスが訪れたときには、自然に唇を求めるようになる。キスをすることによって自分も相手も愛情と快楽を得られるということを理解しているからである。

●"欲望"は唇にストレートに表れる!

積極的にキスを求めてくる人は、相手もそれを望んでいると信じて疑わない人である。自分自身が唇によって快楽を体験しているから、それをイヤがる人間がいるはずなどないと思っている。だから、好きな相手に拒否された場合には、大きな戸惑いを見せるだろう。

それでも、キスという行為を否定したりはしない。その後もひるむことなく、自分のキスを受け入れてくれる人を求め続ける。十分な愛情を浴びて生きてきた人は、人を愛することで喜びを得ようとするからである。

また、みずから積極的に求めることはしないが、相手のキスを受け入れる態勢だけは整えている人もいる。唇の接触によって快楽を得る体験はしているものの、十分な満足感を得られないまま、どこか物足りなさを感じつつ生きてきた人である。何かの事情があって母乳を十分に与えられなかった、幼いころから母親と引き離された、などの理由が考えられる。愛されたいという思いは人一倍強いが、自分が愛されるに値する人間だという確証を持つことができないのである。その疑心暗鬼を払拭《ふっしょく》できるのは、温かなキスによって、愛されているという実感を繰り返し得ることである。

他方で、キスという行為を毛嫌いする人もいないわけではない。恋愛関係にあるにもかかわらず、みずからまったく求めないどころか、相手からの要求にも応えない。そぶりを見せて近づけば、サッとかわしてしまう。こういう人は、キスと快楽とが結びついていない。幼いころに結びつくような体験をしてこなかったからだろう。

本能による性的な結びつきは求めるのに、唇による接触を嫌う場合は、人を愛し、人に愛されるためのプロセスの一部がすっぽりと抜け落ちているということになる。

この部分は、人と人との信頼関係の基礎部分である。それを大人になってから構築していくとなると、決して不可能なことではないが、かなりの難作業になる。そういった相手とは、一生向かい合っていくぐらいの覚悟で臨むべきだろう。

7 ひげで診る――ひげを生やす人が隠しておきたいこととは?
（顔でわかる心理分析⑦）

ひげは、男と女を区別するのに最もわかりやすい視覚信号である。男はひげ、女は髪が性差のシンボルとなっている。もともとは性的なホルモンと関係していたが、それが社会的に誇示されるようになったのだ。

また、ひげは権力・体力・精力を表す男のシンボルとされていた時期もあり、歴史上の英雄的人物は、豊かなひげをたくわえていることが多い。

なかでも、とくに目立つのがあごひげである。もともと、男のあごは女性のあごに比べると太く突き出ているものである。

ほっそりとしたあごや引っ込んだあごは、やさしい印象を与えるものの、ことさら男らしさにこだわる男にとっては屈辱的とさえ感じられるのである。

人は怒ったときや攻撃的にふるまうときにはあごを突き出す。逆に、おびえてひるんだり、服従したりする姿勢を見せるときにはあごを引く。

つまり、あごを強調するということは、猛々《たけだけ》しい男らしさをアピールすることにつながるのである。そこにあごひげがプラスされれば、さらに男らしさが増し、より効果的だといえる。

●あごひげを生やした男――一見、強そうに見えるが……

では、あごひげを生やした男は攻撃的で強い男なのかというと、そうではなく、攻撃的で強い男でありたいと願う男たちなのである。

自分の強さに絶対の自信を持ち、それを微塵《みじん》も疑わない男であるならば、あごひげでアピールする必要はない。

あごひげを生やすことは、「自分は男としての強さを持ち合わせているのだろうか」と一抹の不安を抱えているか、まわりからの「強い男だ」という評価を欲しがっている場合に用いる手段なのである。

ただし、弱い者の悪あがきではなく、「強くありたい」という上昇志向の表れであるため、女性の目には好ましく映る場合が多い。

女性に対しても、強く頼れる男でありたいという願望が強い。どんなことが起きても身を挺《てい》して守ってやりたいという思いが強く、実際にそういった場面に遭遇すれば、その通りに行動する、根っからのフェミニストといえる。

しかし、心のどこかに「本当に自分でいいのだろうか」「自分にはその資格があるのだろうか」という不安と自信のなさが潜んでおり、傷つきやすいハートの持ち主であるともいえる。

こういう男に対しては、望み通りに自信を確信できるような言葉をかけてやることが大切だ。「頼りになる」「一緒にいるだけで安心する」……などである。

一度といわず、タイミングを見計らって、ここぞというときに何度も口に出すのが効果的である。こういう男は、自分を強い男と認めてくれる女性を何よりも大事にしてくれるはずである。

●口ひげを生やしている男――アピールしたいのは男らしさだけではない？

それでは、口ひげを生やしている男はどうかというと、こちらは少々自己チューな面を持っている。

ひげは男らしさを象徴するが、清潔さとはほど遠い。

抗菌ブームが吹き荒れているいまの日本では、不潔感を感じさせると、かえってマイナスの評価を下されることがある。無精に見えるひげは、それだけで多くの女性に避けられる恐れがある。

男らしさは表現したいが、同時に清廉《せいれん》さをもアピールしたい……。この二つの条件をクリアできるのが口ひげといえよう。鼻と唇の間にひげの一部分を残すことで、理想的な男性像を演出しているわけである。

こういう男性は、ナルシストの傾向がある。自分の姿が他人の目にはどう映るのかを計算し、不特定多数の人間に好かれることを望んでいる。

おそらく、ファッションにも非常に気を使うであろうし、一分のスキもなく身を固めた自分の姿を眺める時間を、何よりも楽しみにしているはずである。

そして、そんな自分に羨望《せんぼう》のまなざしを向けてくれる女性を好むのである。「男らしい」といわれるのもうれしいし、「オシャレだ、ナイーブだ」といわれても満足する。とくに、外見に注目してくれたり、ほめてくれたりすることが一番好きなのである。

8 （カラダでわかる心理分析①）
肩で診る――ポジティブか、ネガティブかが一目瞭然！

肩の広さや厚みは、そのまま男らしさのシンボルになる。

肩には、もともと戦うための武器を担《かつ》ぐという重要な役割があった。重装備に耐えられるだけの強い肩を持っていることが求められたのである。

男らしさを強調するために、人工的に肩幅を広く見せる工夫もされてきた。その最も顕著なものが、軍人の肩章である。

ビジネスマンのスーツにも、ほとんど例外なく、厚みのある肩パッドが標準装備されている。これは、戦う意思の象徴だといえよう。

一方、女性らしさを示すのは、なで肩である。しかし、男と張り合うキャリアウーマンのスーツには肩パッドが入っていることが多い。

肩には可動性があるので、意識的に上げたり下げたりすることはできる。相手を威《い》嚇《かく》するためにいからせたり、当惑を表すためにすくめて見せたりすることはあるが、これらの動きは一種の印象操作といえる。

しかし、動かすことによる演出などしなくても、肩はその人の真実を雄弁に語る。とくに、男の肩には生き様が表れるといわれている。

●肩を後ろへ引いている人――〝刺激的〟な関係が好きな人は……

戦う意思があり、何かに向かって挑戦しようとしている人の肩は、後ろへ引かれ、背筋もピンと伸びている。いま、まさに動き出そうとする戦闘態勢をとっているのである。

もちろん、恋愛に関しても積極的で、恋を狩りのようなものと考えてエネルギッシュにナンパをするタイプで、何ごとに対しても攻撃的なのが特徴である。

過去に別れや失恋のつらさを経験していたとしても、つらさをつらいまま澱《よど》ませておくようなことはしない。新しいエネルギーに変えて、いまに生かすことができるしたたかさがある。

こういう相手には、同じテンションで戦いを挑むつもりで接するのもいい。もともと好戦的な資質を備えているので、平穏よりは刺激を好む。また、女性的な女性が好きなので、逆に女性らしさを強調して逃げるふりをして、相手の好意を強めることもできる。
馴《な》れ合うのではなく、追いかけっこをし合い、お互いに刺激し合って向上していけるようなつきあい方を心がけていくことが、長続きするコツである。

●肩を丸くしている人――〝繊細さ〟の裏側にある〝強い意志〟とは?

反対に、肩を丸くして前かがみ気味の姿勢が定着している人は、外敵に対して非常に防衛的で、神経質である。一見、弱々しく見えるが、実は、自分を守ることに終始するために、まわりに対して常に警戒心や敵愾《てきがい》心を抱いている。その緊張のためか、ストレスを抱えてしまうことも多い。

こういう人は、パートナー選びにも当然気を使う。たとえ理想のパートナー候補が目の前に現れても、

「自分や自分の立場をおびやかすようなことはないか」
「自分が傷つくことはないだろうか」
「自分の生活を乱したりはしないだろうか」

……と、まず二の足を踏むのが常である。

このタイプとの仲を進展させたいのなら、急速に接近するのは避けるべきだろう。時間をかけ、距離を保って、相手の警戒心がほぐれるのを見計らいながら、少しずつ距離を縮めていくといい。

自分に自信がないわけではない。自信は人一倍心に秘めている。ただ、過去に受けた心の痛手がいまだ癒えておらず、自分を守るのに精いっぱいなのである。そのため、簡単には他人を受け入れられず、自分のまわりにいる人間が信じるに値する人物であるかどうかを慎重に見極めたいのである。

また、前かがみの姿勢は、背負っているものに重さがあることを表しているともいえる。

実際に重い荷物を背負えば自然に前かがみになるものだが、心の重荷も同じ姿勢をとらせる。それが長時間におよべば、心身に負担がかかる。ときには下ろして小休止することも必要だし、誰かに力を貸してほしいと思っているはずである。

パートナーが背負ったストレスの重さに息を切らしているようであれば、さりげなく手を貸したり、リラックスできるシチュエーションをセッティングしたりするといった心遣いも必要だろう。

9

（カラダでわかる心理分析②）

腕で診る——気持ちを相手に伝えるための「最終手段」

腕の動きには表現力がある。大きく広げたり、前に差し出したり、ちぎれんばかりに振り続けたりすることで、言葉以上に思いを伝えることができる。これらは無論、意識的に行なう自発的な行動である。

では、無意識のうちに行なってしまう腕の動きにはどんなものがあるかというと、これが意外に少ない。

単なるクセならさまざまあるが、心理を読みとることができるのは、「腰に手を当てるポーズ」である。

警戒が厳重な建物の前にガードマンが立っているのを見かけることがあるが、彼らは一様に両手を腰に当てている。これは、無言のうちに、「こちらへ近寄ってはならない」というメッセージを発しているのである。

腰に両手をしっかり当てると、両ひじは鋭角に曲がり、横に張り出す。見ようによっては武器にも見える両ひじは、相手を威嚇し、遠ざける意味を持っているのである。

近づこうとしても、その両ひじが拒否を示しているために、距離をおくしかない。

いかにも難しい顔をしてこのポーズをとっている人であれば、そのメッセージを汲《く》みとるのはたやすい。

しかし、どんなに柔和《にゅうわ》な表情をしていようとも、無意識のうちにこのポーズをとってしまう人は、人とは一線を画そうという深層心理があると思って間違いない。

このポーズは、両手を広げるポーズの対極にある。両手を広げるのは、抱擁《ほうよう》を誘い、人を受け入れるというメッセージである。

相手に向けるその手を自分の腰に固定すれば、それは、受け入れる意思がないことを示している。

たとえば、全身をブランドファッションで包み、一分のスキもないほどにさっそうと装っている人は、よく腰に手を当てるこのポーズをとる。

胸を張ったこのポーズには多くの人に見てほしいという願望が込められているが、その一方では、「簡単に近づいてはならないよ、だって、僕は特別なんだから」というホンネが潜んでいる。これも、自尊と拒絶の印象操作のひとつである。

●このポーズが表れたら危険信号！

約束の時刻に遅れて、急いで待ち合わせの場所に駆けつけたときに、待たせてしまった相手が腰に手を当てていたとしたら、怒りのレベルはかなり上がっていると思っていいだろう。これは、「謝っても絶対に許してやらない」という決意の表れである。

その日のデートは、おそらく険悪なムードでスタートしてしまうだろうし、修復にもかなり時間がかかることを覚悟しなくてはならない。ころあいを見計らって早々に切り上げるか、そうでなければ、相手の許しを得るまでひたすら低姿勢を保ち続けなければならない。

会話の最中に相手がこのポーズをとるようならば、そのときの会話の内容に興味を持っていないということ。退屈しているか、できれば、ほかの話題に移りたいと思っているはずである。

たとえ相手が表面上はあいづちを打ったり話を合わせたりしてくれてはいても、その内心はイラついている。できれば、その場から離れたいと思っているかもしれないのである。

無意識にではあるが、せっかく相手が発してくれているメッセージなのだから、見

逃さないようにしたいものである。

また、スポーツの試合のあとに、負けたチームのメンバーが、よくこのポーズをとることがある。

これは失意の表れでもあるが、「しばらく話しかけないでほしい。いまは誰にもそばに近寄ってほしくない」というメッセージも込められていることを見逃してはならない。

いずれにしても、腰に手を当てている人のそばには、なれなれしく無防備に近づかないほうが無難である。

ある程度の距離を保って観察し、近づくとしても、一歩後ろに控えておくくらいがいい。

10 （カラダでわかる心理分析③）脚で診る——両脚を広げて座る男、そろえて座る男

理想的な男の脚は、昔から筋肉質の脚といわれていた。脚は安定と力のシンボルであると同時に、性的魅力をアピールする部位だからである。

しかし、体質的に思い通りの筋肉をつけることができない男もいれば、環境的に筋肉を鍛えられない状況におかれてしまう男もいる。

長い間、脚をすっぽりと隠してしまうズボンがファッションの主流を占めているのは、この不公平を是正するための策ともいえる。脚を鍛える機会が極端に減っている先進国の男が、ほぼ一〇〇パーセント、長いズボンを着用しているのがその証であろう。

それでも、男らしさにこだわる男は、両脚を広げて立つことで強さと優位さをアピールしようとする。両脚を広げてしっかり地に踏んばれば、多少の衝撃では揺るがないという安定感を示すことができるし、そんな自分のそばにいれば、外敵から守ってやることができるのだと女性に対して誇れるからである。

また、両脚を開いて立つと、自分の大切な性器部位が無防備な状態にさらされるこ

とになる。その部位をかばうことなどツユほども考えていないのだ、と、これ見よがしに示すことで、さらに優位に立とうとするのである。

このように、自分に絶対の自信を持っている男は、自分のまわりに信奉者を集めたくなるものである。自分の強さを称賛してくれる者、全幅の信頼を寄せてくれる者、そして手を貸さないではいられないほど弱い者……こういう男に近づくときには、弱さこそが最大の武器になる。

●〝性的な感情〟は、この座り方に表れる！

また、座るときに両脚を広げる場合も同様であるが、この場合は性的な意味合いが強い。この姿勢は目の前の人に対して大胆にも性器部位を強調しているのである。男性に対しては牽制《けんせい》の意味を含んでいるが、女性に対しては男性性の魅力を披露しているととらえることができる。

では、立つときも座るときも脚をそろえている人はどんな人物かというと、こちらは中立的立場をとりたいと願っている人だといえよう。特定の意思や感情などを伝えるつもりはなく、「自分は害を与える人間ではない」ということを無意識に表しているのである。

また、両脚をきちんとそろえた姿は、丁寧な印象と同時に、堅苦しく他人行儀な印象がある。それらはすべて、その人の心理を象徴しているわけである。

初対面の人の前では直立不動の姿勢をとるものだが、そこには、「私のような者と会っていただいて感謝している」という丁寧さと同時に、「会ったばかりで、まだま だ気を許すことはできない」という慎重さも表していることになる。

女性の前で直立不動の姿勢を崩さない男は、その女性に対して不快感は持っていないが、特別な感情も持っていないということになる。

逆に、両脚を大きく広げてリラックスした姿勢をとる男は、その女性に興味を持ち、ほどなく自分の魅力のとりこにできるという自信を持っているといえる。

しかし、このような姿勢は、瞬間的なポーズというよりは、生来《せいらい》のクセとして身についているものである。

両脚を開くクセのある自信満々な男か、両脚をそろえたままで心の底を見せない男か……それは、誰の目にも明らかな特徴である。自分に合う人物かどうかを判断する大きな手がかりのひとつになるだろう。

PART 2

表情の心理分析

相手の「感情」は、
これで見逃さない！

「相手の心が読めない人」は、一生幸せになれない！

好意を持っている相手の言動は、ほんのちょっとしたことでも気になる。一挙手一投足の動きが好意を持っている人の感情を刺激する。しかし、夢中になっているがゆえに犯しやすい過《あやま》ちもある。

それは、相手の言動のすべてを自分の感情と関係づけて、自己中心的に解釈してしまうことである。

その解釈のしかたには、プラスマイナスの二通りがある。

ひとつは、相手の発した言葉やしぐさを、自分の都合のいいように解釈してしまうこと。

たとえば、同僚の異性に「手が空いたらこっちも手伝ってくれない？」と声をかけられたとする。偶然、一番近くにいて声をかけやすかったからである。

しかし、「なぜ私に？　これは、もしかしたら私への意思表示では？」と、自分に都合がいいように解釈してしまう。

もうひとつは、相手の言葉や行動のウラを探るあまりに悲観的になってしまうケースである。

たとえば、前述の例のように、意中の相手がほかの女性に「手が空いたらこっちも手伝ってくれない？」と声をかけたとする。

単なる偶然にもかかわらず、「なぜ自分には声をかけてくれないんだろう。きっと嫌われているからだ」と悪い結果を導きたがり、失意のどん底に落ちる。そうなると、その後の展開などありえない。

どちらのケースも、まず自分の感情や都合を優先させているために、自己中心的なストーリーを組み立ててしまっているのである。

しかし、本当に大切なのは、相手の本当の気持ち。それは、自己中心的な感情によって振り回されるのではなく、冷静に観察し、心理を分析すればわかることである。そうすれば、勘違いによる過ちを犯さなくてもすむ。

恋愛のチャンスを逃さないためには、自分勝手な見切り発車はやめて、まずは客観的に相手の言葉や行動を分析し、相手から発信されている好意の信号を見逃さないことである。

1 すべては、この「目の輝き」からはじまる！

（表情でわかる心理分析①）

視線と視線がぶつかる場面は、小説や漫画にもよく使われるように、恋愛を予感させることがある。

人に好意を抱くと、目はその人物を追いかけるものだから、好意を持っている人同士の視線がピタッと一致するチャンスは必ずめぐってくる。ロマンチックすぎるきらいはあるが、決してありえない話ではない。

しかし、相手にその気はなくとも、たまたま視線が合ってしまったというケースも少なくはない。

好意を持っている側は、その相手を常に目で追っているのだから、相手がその気配に反応して思わず振り向いてしまうこともある。

気配などを感じなくとも、あなたが何気なく視線を泳がせた先で、それまで相手から送り続けられていた熱い視線とたまたまぶつかってしまったというのもよくある話である。

目が合ったからといって、それがすぐに恋愛のはじまりに結びつくわけではない。何の根拠もないまま「思いが通じた」とか、「あの人も私を見つめていたのね」などと思い込むと、それが空振りに終わったときに、気持ちが盛り上がった分だけ落胆も大きい。先走って妄想に走るのは避けたいところである。

単に視線がぶつかっただけでは、好意を持たれているかどうかは判断できない。しかし、相手の目をじっと見つめるチャンスがあれば、その目の中に真実が見えてくるのである。

●「瞳孔《どうこう》の動き」が表すあなたへの気持ち

目の中心に瞳孔と呼ばれる黒点があるのはご存じだろう。光を通して網膜に像を結ばせる、いわば目の窓に当たる部分で、点というよりは孔《あな》である。暗い場所では瞳孔は大きくなり、明るいところでは小さくなる。これは、カメラのオートフォーカス機能と同じように、採り入れる光の量を調節しているからである。

ところが、心理学者による研究の結果、このオートフォーカス機能にはカメラとはまったく違うシステムが備わっていることがわかった。それは、光という物理的な量だけでなく、好意という心理的な量にも反応しているということである。好ましいと感じる対象物を見るときには拡大し、好ましくない対象物を見るときには小さく絞られてしまうのである。

これは、魅力的なものや好きなものができるだけよく見えるようにするためのシステムで、生物学的にも進化や生存の上で重要なシステムといえる。

好ましくない人物であっても、目の前にいるからといって目をつぶるわけにもいかない。あからさまに目をそらしてしまうわけにもいかない。それならば網膜に当たる光の量をできるだけ少なくしようとする意識が働き、瞳孔は小さくなる。

初対面の人に出会ったら、瞳孔をチェックしてみよう。近距離であれば、この瞳孔の動きはとらえることができる。近づいたときに相手の瞳孔が開かないようであれば、その人は自分に好意を持っていないのだとわかる。その場はいさぎよく身を引くべきだろう。

逆に、好ましい人物を目の前にすると、より強く網膜に焼きつけようとして瞳孔を拡大させるのである。ちょうど、薄暗い中で一所懸命に光を採り込もうとする状態と同じである。

だから、相手の目の瞳孔が拡大していれば、十分に脈があると判断していいだろう。恋愛対象かどうかは別にしても、好ましい人物として映っていることは間違いない。大いに期待が持てるというものである。

このことが無意識のうちに刷り込まれているのか、人間は瞳孔の大きな人や大きくなりやすい人を好む。

心理学の実験で、同一の女性の写真の瞳孔の大きさを修整して、男性にどちらが好きかを選ばせたところ、大きくしたほうの写真を選ぶ人が多かったこともこれを証明している。

●「目がキラキラ光る」状態とは？

すばらしいプレゼントを手にしたときに「目がキラキラ光る」という表現をするが、これは、好ましいものを目の前にして瞳孔が拡大している状態のことをいう。多少誇張した表現法ではあるが、あながち単なる比喩《ひゆ》でもないのである。

ところで、明るい場所にもかかわらず、必要以上に瞳孔が拡大するということが何を表しているかご存じだろうか。

過度の光が採り込まれるのだから、網膜の上には、おそらく、ぼんやりとした像が映し出されることになる。せっかく好ましい人物を見つめているのに、その姿がはっきりと映し出されないという現象が起きてしまう。

互いに好意を持っている二人が見つめ合うと、互いの姿はかすみがかかったような状態になるのだが、これこそ「あばたもえくぼ」の原理である。過度の光が採り込まれることによって、欠点も覆《おお》い隠されてしまうことになる。

「相手のことをもっと知りたい」と思う恋愛初期には、それこそ渾身《こんしん》の思いを込めてお互いを見つめ続けるだろう。そして、この「あばたもえくぼ現象」が、二人の関係をますます盛り上げてくれるのである。

2

（表情でわかる心理分析②）

微妙な感情の変化は、そのまま「唇」に表れる！

口元は、非常に豊かな表情をつくることができる。それには、唇が果たす役割が大きい。

口のまわりには、たくさんの表情筋がある。なかでも頰骨筋《きょうこつ》という頰《ほお》から口元を引っぱっている筋肉が好意と直接関係して動いていることが、最近の研究で判明した。だから、口の両端は、相手の好意を知るために、最も注意すべき箇所なのである。

人間の唇がほかの霊長類の唇と大きく異なる点は、粘膜の部分がむき出しになるほどめくれていることだ。皮膚よりも濃い色で、くっきりと口元の輪郭が描かれているために、口元がわずかに変化するだけでも目立つ。その動きは、ほかの人の目にもはっきりとわかる。

唇には大きく四種類の動きがある。「開く・閉じる」「前に突き出る・手前に引かれる」「上がる・下がる」「引き締まる・ゆるむ」の四つである。これらがさまざまに組み合わさって、微妙な感情の変化を信号として発信するのである。

感情の変化はそのまま唇の動きに表れるので、注意深く観察すれば、心の中をかなりの確率で把握することができる。

心の動揺を隠そうとして意識的にとりつくろうことができる人もいないわけではない。しかし、それは、俳優のようによほど訓練しているか、または特別の嘘つきである場合に限る。ほとんどの場合、感情は唇の動きに正直に表れるものである。

たとえば、怒りと恐れは対照的な感情であり、唇にも同様に対照的な違いが表れる。

怒りの場合は、外敵に対して攻撃的になるため、唇も前に突き出る。

声を荒らげて怒るときには、歯とともに唇を前面に突き出して相手を威嚇するし、湧《わ》いてくる怒りの感情を無言のまま抑えようとしても、唇は固く結ばれたまま前に突き出してくるものである。

一方、恐れの場合は、外敵の勢いに押されて唇も手前に引いてしまう。必死に耐えようとしても、固く結ばれた唇の口角は、後退してへの字を描く。悲鳴を上げるときも、唇は引かれているので、外からは歯が見えない。

他人との間でもめごとや争いごとが起きた場合、相手が怒っているのか、それとも自分に恐れを感じているのかは、唇が「前に突き出ているか・手前に引かれているか」で判断できる。相手の真意がわかれば、問題解決までスムーズに相手をコントロールしていくことも可能になる。

●口元には、言葉以上に本心が表れる！

それでは、相手が自分に対して好意的に思ってくれているのか、それともわずらわしく思っているのかを判断するときには、どこを見ればいいのか？　この場合は、前述のように頬骨筋が動くので、「口角《こうかく》が上がっているか・下がっているか」という点に注目すればいいのである。

好意を持っている人物が目の前にいたとしても、相手の気持ちがわからないうちは、なるべく自分の気持ちも隠しておきたくなるのが常である。そのために意識的に無関心を装ったり、ときには威圧的な態度をとってしまうこともある。しかし、その唇は、内心のうれしさを隠せずに、口角がキュッと上がってしまう。

反対に、好ましくない人物と向かい合っているときには、完全に無視したり、不機嫌をあらわにしたりするのは大人げないので、その場は平穏を装ったりもする。八方美人ぶりを発揮すべく微笑《ほほえ》みを絶やさない人もいるだろう。しかし、唇の口角だけは、内心の退屈さを表すかのように下がったままなのである。

このように、相手が自分を快く思っているかどうかは、意外に簡単に見分けられるものである。相手の態度が無愛想でも、なかなか言葉を交わせなくても、絶望的になることはない。

逆に、ちやほやされたりやさしくされたりしたからといって、勘違いするのも早計にすぎる。その口元を見れば、必ず本心がにじみ出ているはずだからである。

●唇と性的欲望の関係は?

また、さらに微妙な変化を見分けることができれば、相手が自分に対して性的な魅力を感じてくれているかどうかも判断できる場合がある。

唇は、性的に興奮したときにだけ、ある反応を示す。膨張して赤くなり、突き出してくるという反応である。先ほど、私たちの唇は粘膜であると述べたが、性的に興奮しているときには、まるで性器と同様の反応を示すのである。

ただし、非常に微妙な変化なので、よほどの近距離で観察できるチャンスがないと、見極めるのは困難かもしれない。

　しかし、目の前に唇があれば容易である。たとえ会話などなくても、恋人同士がまるで互いに引かれ合うかのように唇を寄せ合うのは、この変化を察知し、相手が性的に興奮していると確信するからであろう。

　だからといって、まだ親しくもない相手にチェックしようとして近づきすぎると、当然、嫌われてしまう。ピシャッと平手打ちが飛んでくるかもしれない。

　また、余談ではあるが、女性が赤い口紅を塗るのは、自分が性的に興奮しているかのように装い、男の視線を集めるためであるという説もある。たしかに、真っ赤な口紅を塗った女性は肉感的に見えるし、口紅を塗らない女性は中性的に見える。

3 （表情でわかる心理分析③）
相手の「鼻」が気になりはじめたら……

顔の中央という最も目立つ場所に位置しながらも、その表現力の乏しさからか、鼻という部位が注目されることは少ない。

人の外見を称賛するときにも、目や口元に対してはさまざまに形容するが、鼻を称賛することは、まずないといっていいだろう。しかし、男が意中の女性を見つめるときには、関心を持たずにはいられない部位なのである。

前に述べたように、男の鼻と男根との間に因果関係があるという俗説があるが、実際にも、男の心理としては、鼻は性的意味を持っている。

恋人同士の間では、二人きりになると、鼻と鼻を触れ合わせたり鼻にやさしくキスをしたりする行為がひそかに行なわれる。なぜなら、これはメイク・ラブの一端だからである。

成人した男女の鼻の大きさを比べると、概して男のほうが女性より大きい。実際に見比べてみるとよくわかるのだが、関心のない異性の鼻に注目することはめったにないので、普通はなかなかその点に気づくことがない。

ところが、ある特定の異性を性の対象として意識したとき、はじめて鼻に注目するようになる。そして、その男の目には、小さな女性の鼻は、まるで幼児のようにいとおしく映り、強い保護本能をかき立てられるのである。

男の側に「自分のものにしたい」という衝動的な感情が生まれると、それと同時に、「守ってやりたい」と思わずにはいられなくなる。

このような仕組みがあるとすれば、遺伝的に受け継がれてきた男の本能をうまく説明できるのではないだろうか。

●鼻への興味が示す〝遺伝的欲望〟とは？

いま、女性はあらゆるジャンルで男並みの能力を身につけつつあり、同等か、またはそれ以上のレベルまで上りつめているようである。

しかし、女性の鼻がいまだに男並みには進化していないところを見ると、遺伝的にはそうそう変化するものではない。小さいほうが生きていくために有利に働くという特徴があり、保護されたいという願望を表すために、いまだに小さいままなのだ。

男が女性に向かって「かわいい鼻をしているね」「愛嬌《あいきょう》のある鼻だね」などと切り出したら、それは、特別な感情を抱きはじめたことを示している。そんなふうに話す男の視線は、ある熱を帯びているはずである。

ふざけた調子を装って女性の鼻をつまんでみたり、「食べちゃいたいくらいにかわいい鼻だ」などと微笑みかけてきたりするのは、まぎれもなく求愛のしるしである。それに応えるつもりであれば、女性はただ微笑み返してあげればいい。その求愛を受け入れる準備があるのだと、暗黙のうちに伝えることができるからである。

しかし、応えるつもりがなければ、「失礼な言動をしないでほしい」と、拒絶の意思をはっきりと示したほうがいい。曖昧《あいまい》に微笑めば、ＯＫのサインと受けとられてしまうことがあるからである。

鼻が性的意味を持つと考えられるのには、もうひとつ根拠がある。それは、「嗅《か》ぐこと」を司《つかさど》る機能を持っているからである。

動物は発情期になると、異性を引きつけるフェロモンを分泌する。しかし、発情期のない人間は、フェロモンを分泌する機能や感知する機能が退化しているといわれている。

　しかし、たとえ発情期がなくても、自分にふさわしいパートナーを探し当てるのは動物としての本能であり、その本能が退化することは考えられない。異性が発するにおいを敏感に嗅ぎ分けるのは、やはり、鼻の役目なのである。

　性行為の際には、当然、二人の体からは体臭が発せられる。

　それを心地よく受け止めることができるか、それとも生理的に合わないと感じてしまうか……これが、この先、そのパートナーと寄り添っていくことができるかどうかのひとつの分岐点になる。

　性と鼻、そしてにおいとの関係は、意外にも深いのである。

4

（表情でわかる心理分析④）

恋する顔色、無関心な顔色

柔らかくてすべすべした赤ん坊の頰は、思わず手で触れてみたくなる。やさしく頰ずりしてみたくなる。

このいとおしさが親の保護本能を刺激して、愛されるために、そして命がけで守ってもらうために大いに役立っているといえる。

これは、大人の恋愛関係においても名残《なごり》をとどめており、愛する人への思いが高まったときには、手を伸ばして頰をやさしく包んだり唇を寄せたりしてみたくなるのである。

頰に触れる、触れられるという行為は、恋愛においても非常に重要な意味を持つ。心身ともに非常に親密な関係であればこそ許される行為だからである。

また、感情の高ぶりがそのまま表れてくるのが頰である。頰ほど感情の変化を確実に目で確認できる部位はほかにはない。

たとえば、意中の人にじっと見つめられて動悸《どうき》が激しくなったとき、頰が熱くなるのを意識したことは誰にもあるはずである。

それは、うれしさからだったかもしれないし、驚きからだったかもしれないし、恥ずかしさからだったのかもしれない。

いずれにしても、ポッと赤面することで、自分の感情の変化を相手に悟られてしまって恥ずかしかったという人は少なくないはずである。

しかし、これが無意識をも含めた自己提示であると考えると、赤くなった結果、相手に好意を持っていることをきちんと伝えていることになる。受けとるほうは、「言葉ではいえなくても、自分のことを好きなんだな」ということを知ることができるのである。好意を伝えたいという本心からいえば、赤面によってうまく相手に自分の心を伝えられているということになる。

では、逆の経験はどうだろうか。自分が話しかけたとき、あるいは目が合ったときに相手の頬の色がみるみる赤く染まっていくのを見たことはないだろうか。もちろん、これは、相手の感情が大きく変化したことを示している。そのときの相手の変化は、多くの場合、好意、あるいはもっと深い愛情ゆえの現象と考えられる。

一方的に熱い視線を送っている相手と、一瞬でも触れ合うことができたという喜び。

突然、幸運が訪れたことに対する驚き。どんなふうに反応すればいいのだろうかという戸惑い。そして、そんな感情に支配されてしまった自分への恥ずかしさ……そんな心理を、赤く染まった頬から読みとることができるのである。

●「好意ではない赤面」の三つのパターン

赤面という現象は、意識的に起こせるものではなく、ほとんどの場合は無意識のうちに表れるものである。そこには、嘘偽《うそいつわ》りのない正直な感情がある。

しかし、すべての場合に当てはまるとは限らない。自分は愛される存在でありたいという心理は、誰にでも潜んでいる。そのために、自分にとって都合のいい解釈をしたくなるものだが、ときには例外があるということも心に留めておくべきである。

ひとつは、相手が若い場合。

年齢ばかりでなく、精神的にも成熟していない人は、思いがけない事態に置かれたとき、何をどうすればいいのかとあわてるあまり鼓動が速くなる。そして、みるみるうちに赤面しはじめる。

たとえば、ぼんやりと人の話を聞いている途中で急に指名されて意見を求められたとき、慣れない雰囲気の中に置かれたときなどがそれに当たる。この場合は、話しかけた相手が誰であっても、頬を赤く染めてしまうだろう。

二つ目は、相手が性格的に内気である場合。

もともと恥ずかしがり屋で、人前で話をしたり人から注目されたりするだけで緊張してしまう人がいる。こういう性格の人は、目の前にいる人が好きな人である場合はもちろんだが、たとえ嫌いな人であっても同様の反応を示す。

三つ目は、自意識が強い人の場合。

自分はいつも注目されている人間であると思い込んでいて、いつでも自分の出番がくることを期待して準備している人である。人から意見を求められたり、みんなに注目されるような場面に置かれたりすると、「よし、やっと出番だ」と、喜びのあまり気持ちが高揚して、顔を真っ赤にする。

これら三通りのタイプが、赤面を起こす典型的な例である。

目の前の相手が頬を赤く染めたからといって、常に「自分のことを好きなんだな」と早合《はやが》点《てん》しないこと。相手の行動やほかの表情もよく観察して、そこに潜んでいる心理の正体を見極めることが大切である。

5 頬づえ——それは無関心の意思表示?
(ホンネを表す心理分析①)

一人の魅力的な異性がテーブルに頬づえをついて物思いにふけっている様子を思い浮かべてみてほしい。そして、この人物の心理状態がいかなるものか、どんなふうに思いをめぐらせているのかを想像してみよう。いったい、どんな答えを導き出せるだろうか。

何か気に病むほどの悩みを抱えているのかもしれない。何か楽しいことを考えながら想像を膨らませているのかもしれない。心が引き裂かれるような悲しみに浸っているのかもしれない……などと、何かに気持ちを集中させているはずだと解釈する人が多いのではないだろうか。

頬づえは、たしかに、気持ちを集中させているときに見られるポーズである。しかし、それだけではない。何かを考えているのではなく、ただ退屈しているだけというケースもある。ちょうど、だだっ広い教室の中で魅力的でない教授が魅力のない講義を展開しているときの学生のように、時間が早く過ぎてくれればいいのにと思っているのかもしれないのである。

先ほど想像してもらった魅力的な異性が、ただ退屈していたわけではないのではないかと分析した人は少ないはずである。

その大きな理由は、はじめにその異性が魅力的だという前提を示したからだろう。何しろ、私たちは、魅力的な異性に対しては評価が非常に甘くなり、自分の思い描く理想像に近づけて、都合のいい解釈をしてしまうクセがある。魅力的な人が退屈などという、非生産的で面白みのない行為をするはずがないと思っているからである。

●集中している頬づえ、無関心の頬づえ

現実に、自分の目の前にいる意中の異性が会話の最中に頬づえをついたとしよう。そのポーズからは何を読みとれるだろうか？

前述の例のように、気持ちを集中させている証拠であると判断する人が多いだろう。もちろん、そのように判断してもいいケースもある。話を聞いている最中に自然と頬づえをつくのは、話の内容や話し手に対して興味が深まり、できるだけ集中したいという心理を表す。いうまでもなく、好意の意思表示である。

しかし、一方で、話している人にもその内容にもまったく興味をそそられず、できれば話が早く終わってくれればいいのに、という思いがかすめたときにも、やはり同じように頰づえをつく。こちらは、無関心の意思表示といえる。

もっと極端な場合、実は自分は退屈しているのだということを示すために、意図的に頰づえをついてみせることもある。これは、まさに拒絶の意味である。

実際に会話を交わしている意中の異性が頰づえをついたとき、その行為だけで判断することはできない。ほかの部分の変化や、その場に流れる空気を冷静に読めば、正しく判断できるはずである。

しかし、自分にとって魅力的な異性を前にすると、気持ちが舞い上がってしまい、冷静になるどころか、自分の都合のいいように曲解してしまいがちだ。

頰づえには、たしかに深い意味がある。そして、そこに込められた思いは、「好意」か「拒絶」か、まさに両極端。

しかし、いずれにしても、相手の真意を測るためには非常にわかりやすいポーズである。これに注目しない手はない。ただし、曇った目での身勝手な判断は、苦悩の元である。

6

（ホンネを表す心理分析②）
脈のあるなし——答えは「舌」で出す？

私たちの舌は、食べる、味わう、話すという、生きていくために必要な役割を担っている一方、人にメッセージを伝えるという役目も持っている。ひとつは拒絶を表すメッセージで、もうひとつは欲望を表すメッセージである。

生まれて間もない乳児を身近で見たことがある人であればご存じかと思うが、母乳やミルクで満腹になったときに、乳首を拒むかのように舌を固くして突き出す。このときの気持ちを言葉にすれば、「もう十分だから、近づけないで」というところだろう。なかには、「見るのもイヤだ、あっちに行け」という意思表示をしている過激な乳児もいるかもしれない。

乳児に限らず、口の中に嫌いなものが入ったときにそれを出すのは舌の役目である。これが、心理的に嫌いなものを出す、つまり、拒否するときにも使われるのだ。

よく、子供たちが対立した相手に対して、下まぶたを指で引き下げて赤い部分を見せて「あかんべぇ」をするときに舌を出すのも同様である。

「こっちにくるな、おまえなんか嫌いだ」と言葉に出したいけれど、出す勇気もきっかけもないときに使う技である。

しかし、この動作は、何も子供だけに見られるというわけではない。招かれざる客を撃退したいときに思わずとってしまう動作でもある。

ひとり静かに音楽を聴いているときに来訪者を知らせるベルが鳴ったとする。おそらく、反射的に舌打ちをしてしまうか、舌を突き出してしまうだろう。

締め切り間近の仕事に集中し、このままのテンションを保って進めばもうすぐ完成するというときに、「これも追加です」と新たな書類を差し出されたとする。できればその書類を投げ捨てたい。しかし、そうもいかないので、その代わりに「まいったなぁ」と心の中で思う。そのとき、無意識に舌を出しているのだ。

苦手な人、話も相性も合わない人、そばにいてほしくない人に対しては、満腹になった乳児が乳房を拒むように、舌が拒絶の反応を見せることがある。この場合、舌に力が入り、固くなっているのが特徴である。

一方、欲望を表すメッセージの場合には、舌には力が入っておらず、ゆっくりとした動きを見せる。それは、お腹をすかせた乳児が乳房を求めるがごとくである。

最も特徴的なのが、舌なめずりのような、狙いを定めた獲物に食いつこうとするかのように、直情的で動物的な印象を与える動きである。

舌なめずりほどあからさまではないが、ゲットしたい異性を見つけたときに、思わずぺろりと舌を出すことがある。これは、舌を使って口の中に好きなものを入れる動作の表れで、性的に相性がいいと判断したサインである。相手の目的がはっきりしているので、サインを送られた側は、是か非か、どちらにしても答えが出しやすい。

固く突き出された舌は拒絶のサイン。滑らかな動きのある舌は欲望のサイン。見た目にも非常にわかりやすい。

7

（ホンネを表す心理分析③）「背中」が物語っていること

背中は「寡黙《かもく》な努力家」と表現されることがある。

人間が二足歩行になったときから、背中の筋肉は常に過酷な労働を強《し》いられてきた。「男の背中には哀愁がある」などのように、中年男性を婉曲《えんきょく》的に称えるようなフレーズがあるが、これも、毎日の労働に耐えている男性本人と、その背中に対するねぎらいの気持ちが込められているのであろう。

背中は、手や足のように目立った動きをするわけではなく、しかも、自分の手で直接触れることも癒すこともできない位置にある。日々の緊張や労働にただただ耐えるだけの、けなげな部位であるといえる。

自分の背中には触れることはできないが、他人の背中ならそれができる。たとえば、自分の背中がかゆくても、自分の手で掻《か》くことはできない。そのもどかしさを解消するためには、「あなたの背中を掻いてあげるから、私の背中を掻いてください」というしかない。ここでは、自分の思い通りにはならないことを相手にゆだねるという条件づけをすれば、少しでも可能にできるという心理が働くわけである。

人の背中に触れることは、自分に触れてほしいという願いを込めていると同時に、自分をいとおしいと思うくらいにその人をいとおしく思っているという証である。

過去を振り返ってみれば、誰しも思い当たることがあるだろう。幼いころに母親の腕でしっかり抱きしめられたとき、その背中には、母親の温かな手を感じていたはずである。お風呂で家族や友人と背中を流し合ったことを思い出す人もいるだろう。

安らぎと愛情が込められたその手に触れられることで感じた喜びは、大人になったいまでも、幸せな記憶として残っているのである。

背中に触れるという行為は、さりげないけれども、心の中にしまい込んでいた温かな記憶を呼び起こす力がある。触れられる側はもちろんだが、触れる側も同様である。

●「すぐに背中を叩く人」に隠された願望とは？

背中に触れるといっても、日常的によく見られるのは、背中を軽く叩くという行為である。がっくりと肩を落として落ち込んでいる人の背中を叩いて、なぐさめ、励ましてあげる。成功を手に入れて喜んでいる人の背中を叩いて、祝意を伝える。久しぶりに再会した友の背中を叩いて、友情を確かめ合う。力を貸してくれた人の背中を叩いて、感謝の気持ちを伝える……などなど。

こうしてあげてみると、すべてに抱擁の意味が込められているのがおわかりだろうか。背中を叩くというのは気軽にできる動作だが、実は、愛情を込めて抱きしめているのと同じことなのである。とくに、あまり体に触れ合うことを好まない日本人の場合には大きな意味を持っている。

おそらく、これまでにも、異性から背中をポンと叩かれたり、背中に触れられたりしたことがあるだろう。それは、その人があなたに向けた「抱きしめたい」という意思表示なのである。

街中を歩いていて、突然、後ろから背中を叩かれて振り返ったとき、そこには愛情のこもったやさしい表情があったはずである。

合コンのあと二次会に場所を移すとき、「こっちだよ」と背中に手を当てて誘導してくれた人は、おそらく、あなたにターゲットを絞っていたはずである。

PART 3

しぐさの心理分析

嘘つきのしぐさ、本気のしぐさ

「カラダは正直である」――だから、ここにホンネが表れる！

言葉は、相手に気持ちを伝える第一の手段である。

相手の気持ちは、聞かなくても何となくわかるとはいえ、不安なものである。言葉でいわれて、はじめて確信を持つことができる。

しかし、言葉は、便利な手段であると同時に、危険な凶器でもある。翻弄《ほんろう》されたり欺《あざむ》かれたりすることもある。

なぜなら、言葉は意思によって、いかようにもコントロールできるからである。

心の中の正直な思いがそのまま言葉に出ている場合もあるが、心の中とは正反対のことを口に出すことも少なくない。好きだといわれたのを真に受けて騙《だま》された例も多い。それは、言葉を巧妙に操れば、その中にある嘘を見抜くことは難しいからである。

しかし、体は正直である。どんなに努力しても、高鳴る鼓動を自分の意思で即座に鎮《しず》めることはできない。緊張でガクガク震える足は、「止まれ」といってもいうことを聞かない。また、心と裏腹な行動を起こせば、不自然さは、体のどこかにおのずと表れる。

それでも、表情はとりつくろうことができる。つくり笑顔や嘘泣きも可能である。しかし、自律神経系の反応は自分で操作することができない。体が勝手に反応してしまうのである。

だから、表情をとりつくろっていると、体のほかの部分への注意がおろそかになる。ホンネを読みとるときには、そちらに注目したほうがいい。体の姿勢や向き、足の向きや動きなどに本心が表れてしまうのである。

にこやかな表情をしていても、手が拳《こぶし》を握っていたら、決してリラックスはしていないし、好意も持っていないことを教えてくれるのである。

相手の嘘に翻弄されないためにも、そして嘘をつかざるをえない状況を理解するためにも、表情や動作などから心のウラを読むノンバーバル（非言語的）コミュニケーションの知識を知っておいたほうがいい。

1 なぜ、男はすぐに照れくさそうにするのか？
（視線でわかる心理分析①）

かねて想い続けていた人に、意を決して気持ちを打ち明ける告白タイムは、打ち明ける側にとっては、まさに緊張の一瞬。

「神様、どうか彼がイエスといってくれますように……」

「断られてしまったらどうしよう、明日から顔も合わせられなくなるかもしれない」

「えーい、もう、なるようになるさ。当たって砕けろ……だ！」

さまざまな思いが頭の中を駆けめぐって、鼓動は高鳴り、足は震え、全身の毛穴から汗が噴《ふ》き出してくるような思いで相手の返事を待つことになる。

幸運にも相手が同じ気持ちでいてくれて、「イエス」の返事をもらえれば、その日はおそらく人生で最高の日になるだろう。これからはバラ色の日々を大いに満喫すればいい。

不幸にも「ノー」の返事を突きつけられれば、当然、大きなショックを受けるだろう。しばらくは傷が癒えずにつらい思いをするかもしれないが、自分の気持ちを整理できれば、区切りをつけることはできる。

ところが、なかには「イエス」でも「ノー」でもなく、照れくさそうに頭を掻きながら、「気持ちはうれしいんだけどね、いまは考えられないなぁ」などと、どちらともとれる、あるいはどちらにもとれないリアクションをする人がいる。

（気持ちはうれしい。では、好意は持っていてくれるのだろうか。それとも、応えてくれるつもりはないのだろうか？）

（いまは考えられない？　では、いつかは考えてくれるのだろうか。それとも、その場限りの逃げ口上なのだろうか？）

冷静に観察する余裕があれば相手の真意を測りようもあるが、告白後の穏やかならざる心理状態では、それもかなわないだろう。

しかし、この場合には、ひとつ重要なポイントがある。それは、相手が「頭を掻きながら」という点である。

頭を掻くという動作は、視覚的に「照れくささ」として認識してしまうことが多い。戸惑ったような表情を浮かべて頭をポリポリとやられると、素朴な人間性が垣間見えるようで、見ている側には好ましく映るものである。

●「照れ」の裏側に隠された恐ろしいホンネ

しかし、照れくささと頭を掻くという動作には、基本的につながりはない。頭を掻くという動作は、もともと攻撃の動作に由来しているのである。

目の前にいる人間に腹を立てたとき、あるいは目の前で起こった事象に怒りを覚えたときに、私たちはつい手を振り上げてしまいたくなる。

その目的は、もちろん、その人物に制裁を加えるべく、叩いたり対象物を破壊したりするためである。しかし、同時に自制心が働き、ほとんどの場合は実行に至ることはない。

ときには、思わず手を振り上げてしまうこともある。自分の手を振り上げて、いまさに打ち下ろさんばかりに構えたとき、「いけない、やってはならない」という内なる声が聞こえ、その手は宙で止まる。

力を失ったその手の所在に困って、頭を掻くという動作にすり替えてしまうわけである。

その一連の動作は一瞬のうちに行なわれるので、あたかもはじめから頭を掻くことが目的であったかのように見える。

よって、頭を掻きながら、「気持ちはうれしいけれど、いまは考えられない」と答える男の意識の中には、怒りに近い感情が含まれているということである。「気持ちはうれしい」という言葉の裏には、「はっきりいって迷惑だ」という怒りが隠されている。

しかし、相手への気遣いと、悪者になりたくないという意識が働いて、怒りで振り上げたその手を、頭を掻くという動作にスライドさせたわけである。

あの何気ない動作は、照れくささなどではなく、怒りの鉄拳が変化したものであることを認識しておこう。

この隠された心理に気づかないままズルズルと儚《はかな》い望みをつなげても、手痛いしっぺ返しを食らうことになるだけかもしれない。

しつこく食らいついて本当に相手の怒りを買い、最後にはその手を打ち下ろされてしまうことがないようにしたいものである。

2 女性に人気がある「シブい顔をした男」の本当の性格
（視線でわかる心理分析②）

恋愛関係を成立させるには、きっかけが必要である。

なかには、なんとなくいつもそばにいた人と、なんとなく話をしていたら、なんとなくつきあうようになった……という〝なんとなくカップル〟もいないわけではない。目と目が合った瞬間に恋に落ちていたという超ドラマチックな体験した人も皆無とはいえない。

しかし、最近の若い人の場合、多くの場合は「告白」がきっかけになる。恋愛の第一段階は、どちらかが思いを伝えて、それを相手が受け入れたときである。告白なくして恋ははじまらないというのが常識となっている。

自分の気持ちを相手に告げるときにはリスクを負う。断られるかもしれないというリスク、そして、断られたときに心（プライド）が非常に傷つくというリスクである。

このリスクに関して、物知り顔の第三者なら、おそらくこういうだろう。

「自分の思いを伝えることは恥ずかしいことではない。相手が応じてくれるかどうかは大した問題ではない」

たしかに、これは正論かもしれない。ところが、当事者にとっては、正論など、はっきりいってどうでもいい。「相手が応じてくれるかどうか」ということが、何にも増して大きな問題なのである。そこには、玉砕することだけは避けたいというホンネが見え隠れしている。

そのため、事前にできるだけ相手の情報を収集しておこうとする。すでに決まったパートナーがいないかどうか、少しでも自分に興味を持ってくれているかどうか、成《じょう》就《じゅ》する確率は何パーセントくらいだろうか……等々。

相手の行動をさりげなくチェックする、自分と一緒にいるときの表情や反応を観察するなど、なるべく多くの情報を収集しておきたいところだろう。

ところが、なかには、行動や表情をつぶさに観察しても、その心の中がなかなか判断できない人物もいる。思いきって近づいてみても、反応が鈍かったり表情に変化がなかったりすれば、今後、二人の仲が発展する可能性など望めないのではないかと不安になってくる。

とくに、人と関わりたくないといわんばかりに常に不機嫌そうな表情をしている人には、近づくことさえはばかられるだろう。しかめっ面で見据えられてしまっては、心身ともに硬直してしまうのもやむをえない。

●この「しかめっ面」に騙されてはいけない！

しかし、こういった無愛想な男は、意外と女性の目を引くものである。

「何を考えているかわからないところがミステリアスで、興味が湧く」

「男っぽくてシブい。硬派でかっこいい」

「恋愛よりも、男の友情を大切にする骨太のタイプ」

……などなど。眉間にしわを寄せた厳しい表情で「黙して語らず」を貫く古いタイプの男性像が好きな女性には、こんなふうに好印象で評価されることが多い。

ただ、そんな女性たちも、その近寄りがたい雰囲気に気後れして、こんな強面《こわもて》の男にどう接触していいのかわからないまま、遠巻きに眺めてしまうのである。

しかし、このしかめっ面の無愛想男は、ミステリアスでも硬派でも骨太でもなく、実は、外敵から自分を守ることが精いっぱいの、案外弱気な男である場合が多い。

眉間にしわを寄せて目を細めるしかめっ面は、一見、「怖い顔」に見える。

しかし、自分がしかめっ面をするのがどんな場合かを思い起こせば、それが、外に向かって威嚇するのではなく、外から自分を守ろうとしているときであることがわかるはずである。

暗い場所から戸外に出たときにしかめっ面をするのは、強い太陽の光から自分の目を守ろうとするからである。

人と争っているときに相手が手を振り上げれば、そのこぶしから逃れなければ、という意識が働いて、眉をひそめたり目を細めたりするはずである。

つまり、危機的な状況や自分に不利な状況に置かれたとき、人は反射的に目を閉じようとする。

しかし、両目ともしっかり閉じてしまっては、さらなる危機にさらされることになる。そこで、自分を守るためには、妥協策として、目を細めたしかめっ面をつくらざるをえないわけである。

ふだんからしかめっ面を崩さない人は、実は内面に弱気な性格を持っている人間なのである。自分の弱みを知っており、その弱みをまわりに攻撃されたくない、気づかれたくないという心理が、いかにも怖そうな表情をつくってしまうわけである。

だからといって、しかめっ面をしている人を敬遠する必要はない。むしろ、その人に警戒されないスタンスを保ちながら近づいていったほうがいい。相手は、あなたが安心できる人物だと確信したときに心を許すはずである。そして、このタイプの人は、そんな人物が現れてやさしく接近してくれることを、誰よりも望んでいる。だから、いったん懐《ふところ》に入ってしまえば、すごくやさしい人なのである。

相手に憤りを感じていたり、本当に威嚇する気持ちがあったりするときは、両目をカッと開いてにらみつけるはずである。この場合には、さっさとその場を離れたほうがいい。

3 （視線でわかる心理分析③）相手の目を見て話す人、見ないで話す人——主導権はどっちに？

人と人とが向かい合えば、そこに会話が成立する。自分のことをわかってもらおうとして、また、相手のことを理解したいと思って、私たちは言葉を使って心の交流に努めるわけである。

会話を成り立たせるには、それぞれが二つの役割をこなさなくてはならない。それは、話し手と聞き手の二つである。

会話の流れの中で一方が話し手を務めるとき、もう一方は聞き手に徹するという役割分担が自然になされるものである。

そこで興味深いのが、会話の際に視線がどこを向いているかということである。

まず、聞き手の視線は話し手をとらえており、話し手のパフォーマンスが続く限り離れることはない。つまり、じっと話し手を見つめ続けるのである。

逆に、話し手の視線はというと、聞き手をじっと見つめるようなことはない。視線を動かして自分の手を見つめたり、まわりを見回したりする。相手の反応を確かめたり、相手の同意を求めたりするときは、聞き手に視線を向ける。

なぜ、こうなるかというと、会話をリードし、コントロールしているのが話し手であり、聞き手はそれに従わざるをえないという関係が成り立っているからである。つかの間ではあるが、そこには主従関係が存在するのだ。

従属者の役割を担う聞き手は、その時点での支配者である話し手から目を離さずにその姿を追い続ける。支配者は、従属者の動向など気にすることなく、自分のペースでその場をコントロールしていくわけである。

もちろん、この役割は頻繁に入れ替わるが、会話にはこうした主従関係が自然に成立してしまうものなのである。

聞き手が話し手から視線をそらすということは、話を聞いていない証であり、話し手のプライドを大いに傷つける。

いまは聞き手であっても、次の瞬間には話し手になるのだから、話し手の心理は聞き手が一番わかっている。わかっているから視線を外せない。聞き手は、話の内容に集中せざるをえないのである。

●視線を外さないことは本当に「誠意」なのか?

話し手が視線をあちこちに移すのも自然な行為である。話の要点をまとめたり、いかにわかりやすくアレンジしようかと思いをめぐらせたりして、相手がどう思っているのか、まわりの状況はどうなっているかをチェックする必要があるために、その心の動きに合わせて視線が動くのである。

ところが、話し手であるにもかかわらず、聞き手をじっと見つめながら話を進めていく人がいる。聞き手の視線は話し手に向いているわけだから、聞き手としては非常に居心地の悪い思いをすることになる。かといって、聞き手は目をそらすこともできない。

話し手が聞き手から視線を外さないのは、まず、聞き手に忠告を与えたり、聞き手に厳しくいい聞かせたりする場合である。これは、親から子、上司から部下などの間で見られるシーンである。

また、話し手の心理状態が不自然な場合も同様の現象が起きやすい。たとえば、嘘を見破られたくないときや、話を大げさに誇張して話すときなどである。

なぜ会話の支配者であるにもかかわらず、まるで従属者のようにふるまって聞き手の動向を探るようなまねをするのかというと、自分の話の内容を信じてくれているかどうか、不安を感じているからにほかならない。

自然に会話をするときには、視線の向かう先を意識することなどないはずだが、心が動揺しているときは、妙に気にかかるようになる。

すると、どこに視線を向ければいいのかと迷ったあげく、聞き手を見据えてしまうのである。

(ここで視線を外してしまったら、自分の話の内容が疑われるかもしれない)

(こうして見つめていれば、反撃されることはないだろう)

このような動揺を見透かされまいとして、かえって不自然な状態をつくり出してしまうのである。

忠告や命令ではないのに、視線を一度も外さないまま話し続ける人には注意が必要だ。あなたを好きなわけではないのだ。話に嘘や誇張が混じっているかもしれないと疑ってみたほうが無難である。

4 〈視線でわかる心理分析④〉「伏せ目」と「仰ぎ目」──熱い感情を秘めているのはどっち？

前項では話し手の心理について述べてきたが、ここでは聞き手の心理について触れてみたい。

聞き手は話し手から視線を外さないのが基本であるが、話の内容に心を動かされたり、相手の存在を意識しすぎたりしたときには、視線にわずかな動きが見られることがある。とくに、気になる異性の前では、無意識のうちに視線でサインを送ってしまうのである。

まず、「伏せ目」は、一見、嫌われているのではないかと思われがちだが、実は頭を下げることと同じであり、「謙遜」を表すサインである。つまり、相手が尊敬に値する人物であると認めていることを意味する。もちろん、実際に嫌っている場合にも目を落とす場合があるので注意が必要だ。

まっすぐに相手を見つめることがはばかられて、つい視線を下に落としてしまうのは、まぶしすぎて見ていられないほどの感情が湧き上がっていると見ていいだろう。

自分と同じくらい相手も自分を思ってくれているかどうかの確信が持てないと、目を伏せてしまいたくなるものである。

たとえ姿勢や態度を豪胆に装ってリラックスしているように見えても、自分の話を聞いている相手がフッと目を伏せたら、それは秘めた恋心の表れ。そして、それを悟られまいとして緊張していることを示している。

（目の前のステキな人とつきあうことができれば、どんなに幸せだろうか）

（でも、自分のことなんて好きになってくれるだろうか）

……などと、心の中は淡い期待と不安でいっぱいになっているはずである。

では、伏せ目とは反対の「仰ぎ目」はどうかというと、これは「見せかけの潔白」を意味する。

もともとは「潔白を証明するために天を仰ぐ」という意味があるが、潔白ではない人間が潔白であるフリをするときに思わず見せてしまうしぐさである。最近では、純情ではない女性が純情を装うときに用いられることが多いようである。

しかし、男は、それが見せかけだと思いたくないという意識が働いて、あえて信じようとする。本当に純情なら、純情に見せる必要などないのである。

5

(無意識の心理分析①)

「微笑み」は、こんな武器にもなる！

「笑顔美人」という言葉がある。ふだんはとり立てて目立つわけではないのに、ニッコリ微笑むだけで、まわりを明るくしたり、元気を与えてくれたり、幸せにしてくれたりする人のことである。

その笑顔を分析すると、上がった口角、細めた目、しわの寄った目尻などが特徴としてあげられるだろう。このような特徴を満たせば、たしかに笑顔(らしき顔)にはなる。

しかし、とりつくろった笑顔は、ほとんどの場合、相手に見抜かれる。見抜かれないまでも、元気づけてくれたり幸せを感じさせてくれたりはしない。作為的に装った目には、やさしさや温かさが宿っていないからである。

緊張したり感情が高ぶっていたりするときには、目の筋肉も緊張している。微笑んだときに目が細く見えるのは、その人の心が穏やかであるがゆえに、目のまわりの筋肉もリラックスするからである。加えて、口角が上がることによって、目を細めているように見えるだけのことである。

不自然なほど目を細めて笑いかけてくる人には警戒が必要かもしれない。笑顔をつくり、善人であるかのようにとりつくろわなければならないということは、その内側にはよこしまな心が潜んでいるといえる。

そのよこしまな心を見透かされまいとするからこそ、意識的に善人であるかのようにパフォーマンスして、印象を操作しているのである。

これは、冷静に観察すれば誰にでも見抜けるトラップなのだが、恋愛感情で盛り上がっている心の状態では、自然な笑顔なのか、作為的な笑顔なのかを判断することが困難になる。自分に笑顔（らしき顔）を向けてほしいという思いが目を曇らせてしまうのである。

●「細めた目」の本当の意味を知っておけ！

片思いをしている相手から向けられる微笑みは、無条件で受け入れたくなる。恋をしている人の当然の心理である。

その微笑みが本物であるかどうかを見分けるにはどうしたらいいのか。そのひとつの答えを、目の光が教えてくれる。

もともと、目を細めるというのは、強すぎる光や自分におよびそうな危害から目を守るための反応で、好意を表すときの反応ではない。むしろ、まわりに対する嫌悪《けんお》、軽蔑《けいべつ》、苦痛を表すものである。

しかし、好意を表すことが多い表情筋や頬骨筋が連動して目が細くなるために見る人を惑わせてしまうのだ。

だから、自分にとって好ましくない人間から自分を守ろうとする意識が働いているのか、好意から目を細めているのかを、しっかり区別しなければならない。

「細めた目」に隠された本当の意味を知り、見せかけの微笑みに翻弄されないことである。

6

（無意識の心理分析②）

顔色でわかる、「あの人は何を怒っているのか？」

人間が二人以上いれば、争いごとや衝突は必ず起きる。それがたとえ信じ合っている親子であろうと、親友同士であろうと、恋人同士であろうと、深い絆《きずな》で結ばれていても、それぞれが自分の考えを持ち、自分の意思で行動する自立した人間である限り、衝突は避けられないことである。

互いが自分の意見を持っており、それぞれ自分が正しいと信じているから衝突する。そして、衝突するからこそ、そこに話し合いが成り立つのである。

本気の話し合いによって、相手をもっと深く知ることもできるし、自分を知ってもらえるチャンスが増えるのである。同性同士の衝突は優劣を決める争いだが、カップルの衝突は、より仲良くなるための心の探り合いなのだ。

人が本気で怒るのは、自分の大切なものを否定されたときである。その人物を知るためには、その人が何に対して怒っているのかを知ることが一番なのである。

人と人とがぶつかり合うのは決して悪いことではないが、憎しみ合ったり傷つけ合ったりすればするほどこじれてしまっては意味がない。

「自分はこう思う。では、相手はどう思っているのだろう」

　これが理想的である。

「自分はこう思う。自分は正しい。それを相手に絶対わかってほしい」

　一方通行ではあるが、相手が寛大な人物であれば、これも問題ない。

「自分はこう思う。自分は正しい。だから相手は間違っている」

　これでは、相手は怒る。しかし、相手が怒ることによって相手のホンネを知ることができるという利点もある。

「自分はこう思う。自分は正しい。それがわからない相手は愚か者である」

　こういうスタンスでは、相手を傷つけ、相手に憎まれることになる。このように最悪の形で衝突してしまう前に、自分の非を省みなければならないだろう。

●この顔色にはご用心！

　また、相手の怒りの度合いは顔色にも表れる。怒りの感情が高まると、戦闘態勢を整えるために、アドレナリンが分泌され、心も体も緊張する。

このため、脈は速くなり、筋肉にも力が入り、体温は上昇する。そして、頬の紅潮が表れるのである。

このような変化は、自律神経によるものなので、意識的にコントロールするのは難しい。このため、相手から見れば、非常に便利なバロメーターになる。

相手の顔が赤くなってきた時点で、争いに終止符を打つべくブレーキをかけることが望ましい。

怒りによって真っ赤になった顔は恐ろしく見えるが、実は、まだ怒りを爆発させるには至らない。怒りをじっと抑えていることを意味するのである。

そのため、この時点で白旗を掲げたり妥協を提案したりすれば、相手の怒りは簡単におさまるはずである。

本当に恐ろしいのは、血の気が引いて青白い顔色になったときである。

顔が紅潮しているときは、体も心も興奮状態のため、すぐに攻撃に移れる態勢ではない。

ところが、怒りが頂点に達して後戻りできないと開き直ったとき、脈は落ち着き、体温も下がる。これは、すぐにでも相手を攻撃できる態勢が整えられたということを

意味する。

　こうなると、白旗も妥協も無意味である。実際に攻撃してくるか、または関係をすっかり断ち切って去っていってしまうか……。いずれにしても、元の状態には戻れないことを覚悟しなければならない。

　また、怒っている人だけではなく、追い詰められた人も青白い顔をする。

　これは、「おびえているばかりではないぞ。いつでも襲いかかってやる。その用意はあるんだ」と開き直ったときの反応なのである。

　これは、たとえその場で直接行動に移さなくても、「報復の意思がある」という証であり、注意が必要だ。

7 （無意識の心理分析③）うなずきに込められた「無意識のサイン」とは？

聞き上手は人に好かれる。なぜなら、人は話し好きだからである。

自分の話を聞いてほしいと聞き手を求めている人のほうが多く、真剣に耳を傾けて気持ちよく話させてくれる「聞き上手」の絶対数が不足しているのが現状だからかもしれない。

聞き上手の条件は、話に集中してくれること、効果的にあいづちを打ってくれること、話し手の気持ちに共感してくれること……などであろう。

なかでも、話し手の問いかけに対してそのたびにうなずいてくれる人はポイントが高い。

「うなずく」ということは、承諾や同意の「イエス」を表す最も明確な動作である。聞き手がうなずいてくれれば、話し手は自分の意見に共感してくれたと喜び、安心する。そして、自尊心を満足させるわけである。

うなずくという動作は、頭を縦に下げたあと、元の位置まで戻すことであるが、そのやり方はひとつではなく、また、やり方が違えば、そこに込められる意味も違ってくる。

頭を小刻みに振るときは、話し手に共感するというよりも、話し手の気持ちを盛り上げる役割を果たす。「うん、うん」「わかる、わかる」「そう、そう」といったあいづちを打つのと同じ効果がある。

このアップテンポのリズムが話のスピードに拍車をかけ、話し手は、本来ならいわなくてもいいことまで、つい口を滑らせてしまうこともある。

この場合は、相手を尊重するというよりも、相手の話の内容の続きが聞きたくてウズウズしているのである。相手のことを知りたくてたまらない、恋愛初期の二人の間によく見られる光景である。

また、話し手が息をつくタイミングに合わせて頭をコクンと下げるうなずきは、話し手にとっては非常に心地いい。話をさえぎることもなく、急《せ》かされることもなく、自分のリズムで話を進めていけるからである。

聞き手の側は、「あなたの話をしっかり聞いているよ」というサインを送ってくれているわけである。

これは、恋愛関係にある二人の間でよく見られるうなずき方である。話そのものよりも、相手の存在を尊重していることがうかがえて、とても微笑ましい光景である。

●「はい」と「はぁーい」は、ここまで違う！

そして、もうひとつ、まるでお辞儀をしているかのようにゆっくりとうなずくケースがある。

話の内容をじっくりとかみしめているかのように見えるが、実は、不満を抱えて、不本意ながらうなずいていることが多い。

こういう場合、喜んで話を聞いているわけではなく、言葉にすれば、「ハイハイ、わかりましたよ」というところだろうか。

どちらかが一方的に話し手に徹してしまうと、聞き手に回った側は、その立場にずっと甘んじていなければならない。友人同士、あるいは恋人同士は、本来なら対等な立場である。にもかかわらず、一方的に聞き手を押しつけられたら、屈辱感を抱かずにはいられない。

もともとお辞儀というのは、服従する側が身をかがめる動作のことをいい、いわば相手に忠誠を誓う挨拶《あいさつ》なのである。

それを、あえてゆっくりと時間をかけて行なうということは、話し手に対する抗議のパフォーマンスであるといえる。この真意を汲みとらないままほうっておけば、ほどなく本物の反旗を翻《ひるがえ》されることになる。

うなずくという動作には「イエス」の意味があるとお話ししたが、日本語で「ハイ」というときに微妙なニュアンスがあるように、うなずき方もそれぞれニュアンスがあるのである。

元気のいい「ハイッ」という返事なのか、怠惰な「はぁーい」なのか、突き放すような「ハイハイ」なのか……。

これは、相手のうなずき方にどんなニュアンスの「ハイ」が込められているかを実際に当てはめてみればわかりやすい。

PART 4

トリックの心理分析

想いがさりげなく伝わる「自己アピール術」

なかなか口にできない「想い」を、どう伝える?

最近、若い人の間では、好きになったら、男性でも女性でも、好きになったほうから告白するのが当たり前になっている。告白することを〝コクる〟というほど一般化しつつあるようだ。

しかし、好きな人を前に、しかも相手が自分のことをどう思っているのかがわからない段階で好きだと告白するのは、心がはちきれそうなくらい大変な状態であろう。

また、突然告白されたほうも、前から好きだったら、こんなにうれしいことはないだろうが、そうでない場合は、どう対応していいか当惑してしまうだろう。

でも、好きになったからといって、いきなり相手の目の前に立って好きだと告白しなければならないということはないし、それが最良の方法でもない。むしろ、告白せずに、さりげなく自分の思いを伝えたほうがスムーズにいくことが多い。また、そのほうが心が痛まなくていい。

いくら最近の若者は話し上手になったといっても、まだまだ日本人は話し下手である。とくに初対面のときやつきあいはじめのころのデートなど、自分がどう評価されるか心配なときは、うまく話を進めることができなくなってしまう。

そんなときは、言葉でなく、非言語的な方法で自分の思いを伝えたほうが気持ちもラクだし、実は、そのほうが相手に本当の気持ちが伝わるのである。

「まえがき」で述べたように、相手が自分に好意を持っているかどうかは、五・四・一の法則で判断する。したがって、話し下手であっても、言葉で判断されるのは全体のわずか一〇パーセントだから、あとの九〇パーセントで十分にカバーできるのである。

面白い話はできないが、びっくりするような髪形はできる。そうすれば、相手が驚いて興味を持つ。それだけではなく、それを話題にできるので、話し下手でも会話にスムーズに入れ、盛り上がることもできる。

会話を盛り上げるために最も重要なのは、話題選びである。その話題を、外見を変えることによって、さりげなく提供できるのである。

外見の話題は、自分自身のこと、恋人自身のことなので、話は自然とお互いの話になり、それぞれの自己開示へとつながりやすい。自己開示が好意を生むことは、心理学の実験で、すでに十分に明らかにされていることなのである。

1

（誘惑の心理分析①）

相手がハッとする「色気」は、これで演出できる！

こんな話がある。

あるサッカー選手が、遠征試合に出かけた先のホテルにあったピアノに目を留めて、クラシックナンバーを一曲弾いてみた。

この出来事はまわりに新鮮な衝撃を与え、その選手の評判は一気に上がった。女性ファンが急増したのである。

サッカーのうまい選手は何人もいる。ピアノを弾ける男性も少なくはない。彼はたまたま、どちらもこなすことができる人だったにすぎない。

しかし、体育会系の才能を持った人間が繊細な芸術感覚を兼ね備えていたという対照的な要素が、まわりの心に強烈な印象を残した。そして、その意外性が、彼の魅力を一＋一＝二ではなく、三倍にも四倍にも際立たせたのである。

このように、メリハリのある現象は、人の目を引きつけ、人の心に好印象を植えつけるものである。

たとえば、ふだんは寡黙で武骨な男性がニッコリ微笑んだとき、「あぁ、あんなステキな笑顔ができるんだ」と感動を覚えるだろう。そこには意外性があるからである。ふだんから愛想のいい人の微笑みよりも、ずっとインパクトが強い。

自分の魅力や才能を単一でアピールするよりも、互いを引き立てるようなメリハリのある演出をするほうが効果的なのである。

●髪形ひとつで、ここまでイメージは変わる！

「人に自慢できるような特別な才能などない」という人でも、行動やファッションに工夫をこらせば、人の心に衝撃を与え、しっかり印象づけることができる。

女性の場合は、その豊かなヘアスタイルを変化させるだけでも、男の心に新鮮な感動を残すことができる。たとえば、次のようにしてみたらどうだろうか。

就業中には、その髪の毛を一筋のほつれもなくきちんと結い上げてみる。一見、堅苦しく見えるかもしれないが、仕事場にはふさわしい。

このスタイルは、自分を厳しく自制する姿勢をうかがわせ、さらに、有能さを印象づけることができる。

そして、終業後や休みの日にはその髪を解き、そのしなやかさで女性らしさを最大限に演出する。長い髪を持つ人なら、さらに効果的である。

まったく対照的な印象を持つヘアスタイルを、時と場所に合わせて使い分けることで、その人自身の魅力を際立たせることができる。そして、まわりの日には、二つの魅力を兼ね備えている女性として映ることになるのである。

ヴィクトリア女王時代の女性たちは、このようなメリハリのある演出法に長《た》けていたといわれる。

時代背景もあるが、当時、女性の柔らかな髪は挑発的だと非難されていた。そこで彼女たちは、昼間は髪をピンで留め上げてスキのない女性を強調し、寝室では髪を解き、流れるような長い髪を枕に這《は》わせて官能的な女性を演じたという。

りりしさとしなやかさの対比もいいし、静の印象と動の印象を使い分けるのもいい。清楚《せいそ》なナチュラルメイクで語り合った次の日はセクシーなメイクでクラブに踊りに出かけるといった演出も、男性の好奇心を刺激するには非常に効果的である。

2

（誘惑の心理分析②）

この「まなざし」で、会話の主導権はあなたのものに！

メイクアップのときに一番手間暇《てまひま》をかけるのはどの部分かと問えば、おそらく、ほとんどの女性が「目元」と答えるだろう。

アイシャドウを使って目のまわりを縁取りし、肌の色と白目のコントラストを高める。アイライナーでまぶたに線を引いて、目の形をはっきりさせる。マスカラを使ってまつげを際立たせることで、目の表情を豊かに見せる。ハイライトカラーを使ってコントラストをつける……等々。

目元を装うメイクアイテムの数は、ほかの部分に比べて格段に多い。目元を美しく装うことで自分の魅力を最もアピールできるということを、ほとんどの女性たちが認識している証拠である。

人と人が向かい合えば、まず相手の目を見ることになる。つまり、目元を美しく装えば、それだけで相手に強く印象づけることができる。そして、相手の目が自分の目にくぎづけにされているときは、相手は目の奥に隠された表情やホンネを読みとろうとする。この状況を最大限に活用しない手はない。

目は言葉以上に雄弁であるという。これは、目を見れば相手の考えることを読みとれるという意味で使われる。しかし、ここでは、もう一歩進んで、言葉に出していえないことも目の表情でなら伝えることもできるという意味に解釈したいと思う。

言葉にしてしまうと、相手から思い通りのリアクションが返ってこないときにつらい思いをすることがある。

たとえば、「あなたが好きです」と告白する。快く受け入れてくれれば問題はないが、相手が困惑した表情を見せたり、「悪いけど……」と拒否したりすればショックは大きい。「あぁ、やっぱりいわなければよかった」と後悔するだろう。

言葉によって意思表示をした時点で、その場の主導権は相手の手に渡ってしまうのである。その後の展開は相手しだい。自分は相手の審判を待つしかない立場に立たされるのだ。

●言葉よりもまなざしのほうが思いが伝わるとき

だから、「あなたが好きです」という気持ちを、言葉ではなく、相手を見つめて目

で語ってみるのである。

すると、相手は熱いまなざしに込められた意味をほどなく理解することだろう。相手も同じ気持ちであった場合は、どうやってそれを告げようかと思いをめぐらせるだろう。

まなざしに込められた気持ちに応えるつもりがなくても、言葉で告げられたわけではないので、拒否することはできない。それでも、「自分は好かれているらしい」という印象だけは、しっかり心に残る。その後、目の前の相手を意識せざるをえなくなるというわけである。

つまり、その場の主導権は、相手ではなく、自分の手の中にある。先ほどのケースとは、まったく逆の展開になる。

あえて言葉にしなくても伝わることはある。言葉にしないから伝わることもある。そして、前述のケースのように、言葉にしないからこそ、状況が自分に有利に展開することもある。

さらに、相手に送る目のサインのひとつとして、まばたきがある。生理的なまばたきは、いわば車のフロンドガラスを往復するワイパーのような役目を担っている。表面を清潔にし、潤《うるお》った状態に保つ働きである。

涙が生産されるときにも、まばたきの回数も多くなる。そのことから、まばたきの頻度を感情のバロメーターとして見ることができる。そのために、相手の同情心を刺激することになり、それが高じて恋愛感情に発展することもある。

また、ウインクひとつで相手の心を射止めることができ、逆に相手の心を読み取ることもできるという大きな心理効果がある。

ただし、多用したり大げさにアピールしたりしすぎると、相手の目には芝居がかった演技としか映らなくなることがあるので要注意である。

3

（誘惑の心理分析③）

相手の視線をくぎづけにする、「首筋」のマジック！

女性の首筋には微妙な表情がある。一般的に、男性の首はがっしりと太く、自分とは異質の女性のしなやかな首筋に大いに性的魅力を抱いてしまうのである。

首は、生理学的には、口と胃、鼻と肺、脳と脊髄《せきずい》、脳と心臓……と、非常に重要な部分を結ぶ連結器官が密集している部位である。

だから、細い首筋は弱さを印象づける。女性が外敵から攻撃された場合に、「ここへ衝撃を食らったらひとたまりもない、だから命がけで守らなければならない」と思う男の保護本能が、女性の首筋に注目させられる理由なのかもしれない。

女性特有の美しい首筋のラインは、恋愛シーンにおいては強力な武器になる。とはいっても、首自体が変化するわけではない。支えている頭の動きによって相手に特別なメッセージを伝えることができるのである。

よく見られるのが、正面を向いたまま頭を左右どちらかに傾ける、「首をかしげる」しぐさである。

迷いや疑いの気持ちを表すときに使われ、「なかなか決心がつかずに困っている」というメッセージが込められている。

決断を迫られても、すぐに答えを出せないときがある。たとえば、デートの誘いやプロポーズ。ランチやディナーのメニューのオーダーを決めるときや、欲しいプレゼントを尋ねられたときなども同様である。

「映画のチケットが二枚あるんだ。明日、一緒に行かないか？」

（うーん、いいけど……どうしようかな）

「何が食べたい？　中華？　イタリアン？」

（うーん、どっちもいいけど……どうしようかな）

客観的に見れば、単なる優柔不断である。

しかし、頭を横に傾けて迷っているしぐさを目《ま》の当たりにすると、男は、その女性の優柔不断さにイラつくよりも、むしろ女性らしい謙虚さに、思わず心ときめかせてしまうのである。

頭を傾けたときにチラリとのぞく首筋のライン。それが、男の目には妙に印象的に映るのである。

おそらく、たった数秒程度の光景かもしれないが、その女性の魅力をアップさせるのに一役買っているといえる。

この動作は女性がやるから魅力があるし、意味もある。武骨な男がこの動作をやっても、誰もセクシーだとは感じてはくれない。見ている側が首をかしげてしまうだろう。

男が性的魅力をアピールしたいのなら、あごを浮かせて喉仏《のどぼとけ》を強調したほうが効果的である。

●微妙な感情は、このしぐさで表現できる！

また、頭を横に傾けるしぐさよりもより挑発的なのが、頭を横に傾けると同時に、前に軽く倒す動きである。

このしぐさには、「迷っている、戸惑っている、だから決めかねている」というのではなく、戸惑いと同時に肯定の意味も含んでいる。

「うーん、よく考えてみると、あなたのいう通りね」と語りかけるようなものである。内証話を二人だけで共有するような、秘密めいた刺激を表す。いってみれば、「小さなウインク」というところだろう。

ほかにも、首筋のラインを強調するしぐさがある。首をねじって後ろを振り返るとき、隣に並ぶ男の視線は、目の前の白い首筋にくぎづけになる。

また、乗り物の中で、ついうたた寝をしたくなったときは、頭を前に倒すよりも、片側の首筋を伸ばすように横に傾けると美しく見える。

そして、相手の肩に頭をもたれかからせると、それは「あなたを頼りきっています」というメッセージになる。

だからといって、見知らぬ人の肩に頭を乗せてはいけないし、見知らぬ人が肩に頭を乗せてきたからといって頼りにされていると思ってはいけない。それはただ居眠りをしているだけである。

首筋を強調するようなこれらのしぐさは、挑発的に見えることを忘れてはならない。無意味に乱用して、無関係な男や無関心な男の本能を刺激することは避けたいものである。

4 （想いが伝わる心理分析①）女が男に「両腕」で抱きしめられたいと思う瞬間

いままでに、誰かを両腕でしっかり抱きしめたり、誰かに抱きしめられたりした記憶があるだろうか？

おそらく誰もが、幼いころの、父親や母親をはじめとした大人との懐かしい記憶を思い出すことだろう。

恐怖におびえて安全と安心を求めたとき、寒さに震えて暖かさを求めたとき、そして、うれしさをともに分かち合いたいと思ったとき、何のためらいもなく彼らにすがりつき、抱きしめてもらったはず。そのときの感覚は、いまでも心と体にしみついているはずである。

ところが、それから年齢を重ねていくうちに、抱きしめ合う機会はしだいに少なくなっていく。大人に近づくにつれて、大人に愛情と保護を求めることが照れくさくなっていくからであろう。

それでも、誰かと抱きしめ合うことによって得られる心地よい感覚を忘れることはなく、今度は異性のパートナーにそのときの感覚を求めるようになる。誰もが抱擁の喜びを知っているからである。

抱きしめられるのが子供で、抱きしめるのが大人であったように、弱い立場にある者が、「守ってほしい、愛してほしい」と願うメッセージを発したら、強い立場にある者が、「守ってあげるよ、愛しているよ」と、それに応えることが大切である。

成人した男女の間では、抱きしめられたいと願うのが女性で、その願いをかなえてやりたいと思うのが男性……という図式が成り立つ。

つまり、女性の側から発信される「抱きしめられたい」というサインに、男性が反応するわけである。

●女性がときおり見せる「真空抱擁」とは？

ときには、男性が突然、「抱きしめたい」という衝動に駆《か》られることはある。

しかし、女性のサインを無視して強引に行動を起こすと、そこで二人の関係が断ち切られてしまうことがある。

そんな最悪の事態は避けたい、嫌われたくないと思う男は、女性のしぐさからその

心理をさりげなく探ってタイミングを見計らう必要がある。

このように、愛情を確認し合う抱擁という行為については、実は、女性の側に主導権があることがわかる。

本人が特別に意識していなくても、恋人の前で涙を見せたり、弱音を吐いたり、寂しげな表情を見せたりしたときは、それも「抱きしめてほしい、守ってほしい」というサインを送っていることになる。

実際に男性がこれらのサインを受けとったときに、抱擁シーンやキスシーンが展開されるはずである。

また、女性がときおり見せる「真空抱擁」のポーズも、そのサインのひとつになる。真空抱擁とは、両肩を上げて、両腕で自分の体を抱く動作である。

たとえ恋人がそばにいなくても、寒さに震えるときや恐ろしい思いをしたときに、このポーズをとっているはずである。

(寒くて凍《こご》えそう↓だから抱きしめて、温めてほしい)

(怖くて泣き出しそう↓だから抱きしめて、守ってほしい)

自分で自分を抱きしめるようなポーズをとるのは、誰かに抱きしめてほしいからである。恋人がこのポーズを目にしたら、思わず抱きしめずにはいられなくなるだろう。

抱きしめ合うことによって得られる感覚は、女性にも男性にも心地よい。そして、二人の絆をますます深めるためのステップにもなるのである。

5

（想いが伝わる心理分析②）

「ボディライン」の好みで、相手の〝価値観〟がわかる！

細くくびれた女性のウエストに、男は注目する。女性のファッションも時代とともに移り変わるが、ウエストラインをキュッと絞ったスタイルは、いつの時代も廃《すた》れることはない。

また、女性たちの間では、あいかわらずダイエットブーム吹き荒れている。建前では「健康のために」というが、ほとんどの女性の心の内には、「ウエスト回りをもっと細くしたい」というホンネがあるのは明白である。

たしかに、細く締まったウエストは、女性を魅力的に見せるための大きな要素のひとつである。それが一般的な見解である。なぜか。

ひとつには、それが男性との性差だからである。女性も男性も、異性のパートナーには、自分にないものを本能的に求める。

たくましい腹筋を持つ男性は、女性の細いウエストに限りないあこがれを持ってしまうのである。細いウエストは、それだけで「私は女です」という信号を送っていることになる。

もうひとつは、細いウエストは「処女性と若さ」を象徴しているからである。当然のことだが、女性は妊娠するとウエストサイズが大きくなる。出産後も特別なエクササイズを施さなければ、妊娠前のサイズに戻すことは難しい。

つまり、ウエストが細いということは、「私は妊娠していない」「出産できる若い女性である」という意味を持っている。

少々過激な言い方をすれば、「私は妊娠していない。だからあなたが妊娠させることもできるの」という心の内を、ビジュアル的に宣言しているようなものである。だから、男性はそこに本能的に魅力を感じるのである。

●なぜ、男は細いウエストが好きなのか?

細くくびれたウエストと、丸みのある豊かな腰とのコントラスト……これは、自分の遺伝子を残したいという本能を持つ男には刺激的な誘惑になる。

女性があまりにも堂々たるウエストをしていては、妊婦のそれを彷彿《ほうふつ》させるため、性的な魅力にはなりえないということになるのだろう。

女性がこぞって細いウエストを目指すのは、その本能を利用するカンが働いているからだともいえる。

しかし、なかには、か細い少女のような体型を目指す女性も多い。これは、あたかも出産に適した豊かな腰回りを備えることを否定するかのようなボディラインを好んでいるということになる。

これは、子供を産んで家庭を築くというライフスタイルよりも、身軽に楽しめるライフスタイルを求めているということを象徴する。

そして、少女のような体型を支持する男性の層も増えつつあるように見える。これは、出産を望まない女性を好む男も増えていることになる。

いずれにしても、男は女性のボディラインには無関心ではいられない。そして、無意識のうちに、自分のライフスタイルにふさわしい女性を選別しているのである。

6 あなたにもできる、「声」の魔力が身につく法（想いが伝わる心理分析③）

目の前にいる人が好ましい人物かどうか、愛することができる人物かどうかを判断するとき、私たちは、まず視覚を活用する。目から入る情報は多岐にわたるため、判断材料が豊富だからである。

しかし、私たちには五感がある。できれば五感をフルに活用したいところであるが、視覚以外の感覚は、ある程度まで近づかないと働かない。

触覚で判断するには接触が必要である。だから、かなり密接な関係を築いてからでないと使えない。

嗅覚《きゅうかく》も、かなり接近していなければ使えない。かなりにおいの強い人でないと、キスできるくらいに近づかないと口臭まではわからない。また、香水によって意図的に印象を操作することもできる。

味覚にいたっては、さらに接近して、キスが許されて、はじめて味を知ることができるのだ。

このため、人間関係の初期に活用できるのは、やはり視覚なのである。

視覚のほかに活用できるのは、聴覚しかない。人を判断するときには、外見と同様に、声や話し方が決め手になるケースは少なくない。聴覚による心理分析は、みなさんが思っている以上に決定的な力を持っているのだ。

だから、聴覚による印象は、視覚による第一印象の次に重要なポイントだといえる。

実際に、「あの甘い声にささやかれたら夢中になってしまう」「あの低くてシブい声に心を奪われた」と、声や話し方によって心を動かされる女性も多いはずである。

もちろん、男性の聴覚も鋭く研ぎ澄まされている。話し声の質によって、同調することもあれば、反発したくなることもあるのである。

自分の声が、人の耳にはどんなふうに届いているのか……。

まず、声に変化がなければ、相手の印象に残らない。抑揚のない平坦なリズムで延々と話を続けられては退屈きわまりない。ちょうど、時間内に滞《とどこお》りなく終えることができればお役御免と思っている、冴えない教授の講義のようなものである。

内容はほとんど同じなのに人気のある教授の講義は、声や話し方に豊かな表情がある。自分の体験を話すときには、あたかもその場にいるかのように臨場感あふれた話し方で、学生たちの心をしっかりつかむ。テンポやリズムにも工夫があり、退屈どころか、「このままいつまでも終わってほしくない」と思わせるほどである。

●自分では「いい声」を出しているつもりでも……

相手が耳を傾けてくれて、さらに魅力的だと思わせるには、まず、「伝えたいことがある。だから自分の話を聞いてほしい」と心から願うこと、そして聞き手の反応に敏感になることである。聞き手がいるからこそコミュニケーションが成り立つという基本を忘れてはならないのである。

また、声の大きさにも留意したい。聞きとれないほどの小さな声では、相手に神経を使わせる。その結果、イライラさせてしまうことにもなりかねない。

大きすぎる声も避けたいものである。大きな声は、相手を圧倒しすぎて不快にさせる。また、無礼でもある。

内容を伝えるためには、はっきりした声で話すことは最低条件だが、ことさら大きな声で話す必要はない。工夫するなら、「ゆっくり」を心がけるといい。

ゆっくり話す人の話を聞いていると、聞いている側の心も穏やかになる。しかも、一言一言がしっかり耳に残るので、相手に理解されやすい。男性であれば男らしい落ち着きを感じさせ、女性であれば女らしいやさしさを感じさせる。

恋人たちが愛を語るときは、例外なく「ゆっくり」である。愛を語るにふさわしい人物かどうかを、ここで判断される可能性もあるということである。

そして、意外なポイントとなるのが、声の高さである。生まれ持っている声質にも関係するが、感情的になると声のトーンは急激に高くなる。そのために、落ち着きがない、怒りっぽい、信頼できないなどの悪印象を植えつけてしまう。

低い声は、それだけで落ち着きと信頼を感じさせる。もともと声質が高い人は、ふだんから少し低めの声を出すことを心がけたほうがいい。

ただし、自分で聞いている自分の声と、他人の耳に届いている自分の声とではかなりの開きがある。自分の声を録音して聞いてみればわかると思う。

できれば、自分の声を録音して、客観的な評価をしてみることをおすすめする。耳当たりのいい声か、好ましい話し方をしているか、聞きとりやすいテンポで話しているか……等々。改善できる部分があればやってみるのも手である。

耳に心地よく響く声の持ち主は、多くの人に愛されるのだ。

7

（想いが伝わる心理分析④）

もう一歩、相手の心に入り込む「鏡のトリック」

喫茶店で向かい合って楽しそうに時を過ごしている恋人たちを観察してみると、興味深い発見をすることがある。

ひとつは、二人のファッションがどことなく似通《にかよ》っていること。もしかしたら打ち合わせてきたかもしれないし、どちらか一方が相手のファッションセンスにつきあっているのかもしれない。

しかし、互いに相手に心を開いて自己開示していくうちに、同じことを考えるようになってきたという「類似説」が最も有力な説ではないかと思う。

それを裏付けるように、その二人のしぐさに注目してみると、まるで鏡に映しているかのように見事にシンクロしているのである。

ひとりがテーブルに手を置けば、もう一方の手もテーブルの上へ移動する。ひとりが足を組み替えれば、もう一方も組み替える。ひとりが頭を搔けば、もう一方も頭を搔く。そして、コーヒーに手を伸ばすタイミングもほぼ同時。まるで、息の合ったダンスを見せられているようである。

このような現象を「ボディ・シンクロニー」というが、二人の心の動きとそのタイミングが見事に一致している証であり、この現象が二人の距離をさらに近づける。そして、一緒にいることがますます楽しく思えてくるのである。

●うまくいっているカップルは、動作も似てくる!?

二人の仲がどの程度うちとけているかは、このボディ・シンクロニーの程度によって、ある程度判断できる。

まだ互いに理解し合っていない場合は、二人の動作はぎこちなく、ここまで見事にシンクロすることはありえない。うちとけ合い、理解し合えるようになったとき、無意識のうちに同じリズムで行動するようになるのである。

仲むつまじい恋人同士の特徴であるこのシンクロニーは、意識的にとり入れることができる。それによって相手の心理を知り、心を通わせたいと願っている相手に対して働きかけてみることができるのである。

相手の動きをよく観察して、相手が微笑めば自分も微笑む、相手があくびをすれば自分も口に手を当ててみる……などである。好きな相手の動きに合わせてみるのだから、これはつらい作業にはならない。かえって楽しい作業になるはずだ。相手がそれに応じて無意識にシンクロするようなら、大いに脈ありである。

もちろん、相手にその意図を探られることがないように、さりげなく行なうことである。

これを続けていくと、知らず知らずのうちに、相手の意識の中で心地よい存在として印象づけられるだろう。

ただし、好ましいと思われる動作だけをシンクロすることである。貧乏ゆすりや大きなくしゃみなど、誰の目にも好ましくない様子をなぞっては、かえって嫌われることになるので、注意が必要である。

PART 5

あとひと押しの心理分析

相手との〝距離〟が一気に縮まる心理学

ココロの接近は、すべて「タイミング」！

つきあってきた時間や程度によって、自分の中での相手に対するランクは変化していく。

赤の他人から顔見知りへ、顔見知りから知り合いへ、知り合いから友人へ、友人から恋人へ……といった具合である。

これは自然な流れのようであるが、何もしなければ、自然にそうはなってくれない。人間関係を深める努力によって、この流れが生まれるのである。

最近はランキング流行《ばや》りで何でもランキングするが、携帯電話で相手の電話番号やメールアドレスを家族、仕事関係、知人、友人、恋人、その他……などにグループ分けしたり、なかには、友人を「遊び友だち」「飲み友だち」「親友」……、異性の友だちを「ランクC」「ランクB」「ランクA」「本命」……などとカテゴリー化している人もいると聞く。

この場合、ランキングのベースになっているのは親密度だ。

異性との関係においてはランクづけは厳しい。たとえ、会話のチャンスも増え、親しくなったとしても、肝心の相手の恋愛の対象にならない人もいる。

「親しい異性の友人」という関係はできても、そこから恋愛関係になることが難しいという現実がある。恋人探しは、友人のように、いい人だからといって、誰とでもつきあえるというわけではないし、一度に一人、できれば一生に一人の相手とつきあいたいと思うから難しいのである。

「あのときから恋人として意識するようになっていた」、あるいは「知らないうちに恋人になっていた」と意中の相手に思わせることができれば、いずれも大成功である。

しかし、男女関係の場合、近づき方を誤れば、それまで積み重ねてきたものが一瞬のうちに崩壊するというリスクが常につきまとうのである。

ダイレクトに言葉で伝えられるのならいいが、それもタイミングしだい。機が熟さないうちに先走ってしまっては、つらい結末を迎えることもある。かといって、機を逃せば、せっかくのチャンスも失ってしまう。

そうならないためにも、相手の気持ちを尊重しながら相手の心理を分析し、ここぞというチャンスを狙って接近することが大切である。

1 相手にさりげなくタッチできる「最大のチャンス」とは？

（ベストパートナーの心理分析①）

恋人たちは、手をつなぎ、腕を組み、肩を抱き合う。互いの体に触れ合うことは、「お互いを大切にし合っている」ということを実感するための行為である。

男女の間に限らず、私たちは誰かと触れ合いたいと願う。幼いころには、大好きな親に手をつないでほしいとせがんだこと、先生に頭をなでられてニッコリ微笑んだことがあったはずである。

また、学生時代には、学園祭での成功、対抗試合での勝利、コンクールでの優勝……等々、みんなと力を合わせてことを成し遂げたときには、互いに握手を交わし、肩を抱き合ったことだろう。そうすることで、喜びは二倍にも三倍にも膨れ上がったのではないだろうか。

なぜ、そのような気持ちになれるのかというと、触れ合った瞬間は、勝利や成功をともに喜ぶという一体感を、たしかに実感できる瞬間だからである。

このように、ふさわしい状況において、その状況に合った触れ合いを持つと、喜びや幸福感などのプラスの感情が刺激され、ますます強調されることになる。

体に触れることによって、一体感が生まれる。一体感は、互いの信頼関係の基礎となり、これがあるからこそ、人間関係の絆をしっかり築くことができるのである。

誰の心にも「人から大切にされたい」という基本的な欲求があるが、お互いの体が触れ合うと、この欲求が満たされたと感じるのである。

意中の相手がいて、十分に親交を深めているのに、それ以上展開しない、あるいは恋愛相手の対象としては認知されず、いまひとつきっかけをつかむことができないという場合は、とにかく触れ合うことが第一である。

もちろん、時と場所を選ばなければならないが、触れ合うチャンスは案外身近に転がっている。そのときは、「盛り上がった感情をサポートする」のがコツである。

また、触れたときの相手の反応で、相手の本心を知ることができる。触れられたときの瞬時の反応では嘘をつけない。

普段はとりつくろっていても、嫌いな人に触れられると、反射的に拒否的反応が出てしまうのである。

●こんなときには絶対にタッチしておけ！

お酒を飲んでテンションが上がっているときは、そばに寄り添ったり腕を絡《から》ませたりしてみる。これは、決して不自然なことではない。

その場の楽しい雰囲気を盛り上げたり、笑いを分かち合ったりするのに一役買っているからである。

また、相手が、試験に合格した、懸賞に当たった、昇進した……などのグッドニュースを持ち込んできたときには、手を握ったり抱きしめたりするといいだろう。

触れ合ったときに感じる温《ぬく》もりによって、相手は「自分のために、こんなにも喜んでくれているんだ」と解釈するはずである。

自分のことを大切に思ってくれているのだという喜びが高じて、特別な恋愛感情に発展することは大いに期待できる。

ほかにも、珍しいものを見つけたとき、驚くような出来事に遭遇したときには、すかさず相手の腕をとって、そのときの感動を分かち合い、一緒に味わうようにするのもいい。

いずれにしても、感情と触れ合い（温もり）は相乗効果を発揮するのである。そし

て、それが積み重なれば、相手にとって特別の存在になりえるだろう。
幸せな表情を満面にたたえ、互いに寄り添い合っている恋人たちを見ると、「互いに信頼し合っているんだな、二人でいることが本当に幸せなんだな」ということがうかがえて、とても微笑ましい。
ただし、相手の体をむやみに触りすぎる人や、あまりにも性的な触れ方をする人はその限りではないが、日本人は触れることに過度に慎重である。慎重すぎると、親しみを素直に表すことができない。
好きな人ができたら、思いきって触れてみよう。そうすれば、関係を親密にする大きなきっかけになるかもしれない。

2

「自分の世界」に入っていいとき、入ってはいけないとき

（ベストパートナーの心理分析②）

食事や買い物をしようと街を歩いていると、つい足を踏み入れてのぞいてみたくなるような店もあれば、敷居が高くて入りづらい店もある。

人も同じであろう。人と関わりを持ちたい、人と触れ合いたいと思うのなら、自分は開放的であるということをアピールすることが大切である。

ガードが固くて閉鎖的な雰囲気の人には、まず、人は近づいてこない。開放的に見せるためには、人を歓迎しているという姿勢を心がけることが大切である。

まず、下を向かず、顔を上げておくこと。これで人と目を合わせることができるし、目が合えば微笑み合うこともできる。そして、相手が近づいてきたら、迎え入れる準備を整えること。真正面を向いて、自分からも一歩（以上）近づいてみることである。

話しかけられたら、返事を一言で終わらせることなく、話を展開させようと試みる。それが難しければ、相手に問いかけてみたり、相手の言葉を反復したりして、コミュニケーションの流れを自分の側から断ち切らないように努めることである。

「あなたと話をすることを楽しみにしているのだ」という気持ちを伝え、相手を受け入れる用意があるということをわかってもらうのである。

開放性をアピールするのは、一対一で向かい合っているときにはもちろんのこと、集団に所属しているときにも忘れてはならない。

集団の輪を意識して、輪を乱さないように位置取りをしたり、調整したりといった工夫も必要だろう。一人だけポツンと輪の中から外れてしまうのは論外だが、ある特定の人物だけに目を向けて、その場の雰囲気から浮いてしまうような異質な空間をつくってしまうことも避けたい。

みんなと話せるように、真ん中に意識を向ける。新しく輪の中に入ってきた人を歓迎する。外れてしまう人がないように気を配る……などが好ましい基本姿勢である。

●カップルが必ず持っている「秘密」とは？

開放的な人間には近づきやすい。これは同性でも異性でも同じである。

自分を受け入れてくれる人間だと思うからこそ、相手も一歩踏み込んできてくれるのである。扉が大きく開いていれば、入ってみたくなるのが人間の心理である。

閉じたままの扉を無理にこじ開けてみようとする人もいないではないが、その労力とリスクを考えれば、たいていの人は通り過ぎてしまうものである。

しかし、開放的であればいいのかというと、それだけでは恋愛関係は成立しない。恋愛関係には閉鎖性も必要だからである。

二人きりの空間で二人きりの時間を過ごすときには、二人だけの秘密を持つことである。秘密といっても、やましいことやいかがわしいことではなく、二人だけにしか通用しない約束ごとをつくればいいのである。たとえば、誰にも教えていないメールアドレスを交換したり、誰にも知られていない喫茶店で待ち合わせをしたり、ペアのストラップを購入したり……などである。

たわいのないことでも、〝二人だけ〟というキーワードが別空間を構築することになり、ほかの人との差別化が二人の結びつきをより強固にするのである。

ただし、秘密を盾にして相手をがんじがらめにすることは避けたい。相手が息苦しくなって、そこから逃れたいと思うようになり、そうはさせじと縛りつけようとする自分も、結局は疲れてしまうからである。二人が顔を見合わせてクスッと笑い合えるような秘密を持つことが望ましいといえよう。

3

毎日がドキドキの連続になるつきあい方

（ベストパートナーの心理分析③）

ミュージカルを手がけるある舞台俳優は、初日を迎える前日、胃に痛みを抱えながら、いつも心の中でこんなふうにつぶやくのだという。

「地震でも起きて劇場が崩れてしまえばいいのに。そうすれば、明日のステージの幕を開けなくてすむのだから……私はどうしてこんな職業を選んでしまったんだ？」

しかし、最終日の幕が下りてしまうと、しみじみとこう思うのだそうだ。

「こんなにすばらしい仕事をさせてもらえるなんて、私はなんて幸せ者だろう。私はこの仕事に一生を捧げたい」

好きではじめた仕事なら、誰でも一生続けていきたいと思うはずだが、毎日があまりにも単調に過ぎていくと、最初の感動や意気込みを忘れがちである。

この舞台俳優の場合は、毎回のように刺激と緊張を経験することで、ますますその魅力にとりつかれて離れられなくなっているのである。

しかし、緊張が続くばかりでは、おそらく、体も神経もズタズタになってしまうだろう。舞台が終了するごとにホッとひと息つき、体も心も緩和されるからこそ、新しい刺激と緊張を求め、夢を持って前進していけるのである。

●「マンネリ」を絶好のチャンスと考えるやり方

この感覚は男女の恋愛関係にも当てはまる。心穏やかな毎日が続くことは、たしかにすばらしいことであるし、誰もが求めるところだろう。

しかし、風ひとつない凪《なぎ》のような日ばかりでは、それを退屈な停滞と感じてしまうことがある。

何かを発見したり何かに感動したりすることがなければ、恋愛すること自体が魅力のないものに思えてくるものである。

何も、相手が困惑してしまうような事件を無理に起こす必要はない。しかし、知り合ったころの感動を失わないためにも、二人でいることの意味を確認し合うためにも、身の引き締まるような緊張感や、新鮮な刺激があってもいいのではないだろうか。

非日常的なイベントにあえて挑戦してみるのもいいし、一度も訪れたことのないような場所を探索するのもいい。要は、二人で何かに挑戦することである。

そして、見事その挑戦をやり遂げたときに、さらに大きな信頼感を得ることができるだろう。

こうして、緊張と緩和を繰り返すことで、互いになくてはならない存在となりえるのである。

「なぜ、自分には、この人でなくてはならないのだろう？」

こんなふうに自分に問いかけたとき、やはり、明確な答えが出るのと出ないのとでは大きな差がある。

ただし、相手に緊張ばかりを強いるのでは逆効果。緊張のあとには、しっかり緩めて、精神的なバランスを保つことが重要である。

4

（もっと深い関係になる心理分析①）

あなたは、この「四つのゾーン」のどこに入っている？

たとえば、学生時代に新しいクラスに足を踏み入れたときのことを思い起こしてみてほしい。まわりにいるのは見知らぬ人ばかりである。

しかし、クラスメイトとしてつきあっていくうちに、自分と気が合いそうな人物かそうでないかが、しだいに見えてくる。

そして、気が合いそうだと思える人物に何とか近づこうと試みる。相手も同じ気持ちであれば、相手も距離を縮めてくるはずである。

二人の距離は急速に縮まり、親交を深めるようになる。友人（あるいは親友）は、こうして増えていくのである。

自分が相手を気に入って近づこうとしても、相手にその気がなければ距離は縮まらない。こちらが近づいても、相手が遠ざかるのだから、それは当然である。

二人の思惑が一致しなければ、親密な友人関係は成立しない。距離をおいて遠ざかろうとする相手を、それ以上深追いしてもムダだとわかるからである。

好きな人には近づきたい、嫌いな人からは遠ざかりたい……。これは、社会生活を営む私たちすべてに共通する心理である。非常にシンプルだが、人間関係の核心をついた真理であるといっていいだろう。

ところが、恋愛感情が絡んでくると、こんな簡単なことさえわからなくなってくることがある。

「自分はこの人が好きだ」と思うと近づいていく。そこまでは当然の行動である。しかし、そこで「この人にも自分を好きになってほしい」と思い、相手も自分のほうへ近づいてくることを期待する。期待するだけならいいが、そうなるはずだと思い込んでしまうことがある。

そして、相手が自分の思惑通りの行動をとってくれないと、「なぜ?」と疑問に思い、混乱がはじまる。

なぜ、こうした事態に陥るのかというと、「自分」ばかりを優先して、「相手」の気持ちと、その気持ちに伴う行動に対して集中しなくなるからである。

好きな人であるならば、もっと関心を持って見つめるべきなのである。

●「空間的距離」と「心理的距離」の意外な関係

恋愛を成就させたいのであれば、あくまでも「相手」を中心に行動すべきだろう。そこで知っていてほしいのが、ふさわしい空間距離なのである。

相手にとって、自分はどんな位置にいるのかを知りたいなら、二人の間の物理的距離を測ってみるといい。

二人の親密度を測る尺度は、大きく四つに分けられる。

①親密ゾーン（半径六〇cm以内）——家族、親友、そして恋人など、最も親しい人のための空間である。

②対人ゾーン（半径六〇cm～一二〇cm）——手を伸ばせば触れることができる空間で、ふだん会話を交わす知人や友人の類《たぐい》は、ここに位置している。

③社会ゾーン（半径一二〇cm～三三〇cm）——個人的に親しいとはいえないが、クラスメイトや同僚、上司など、社会的なつながりのある人がこの位置にいる。

④公的ゾーン（半径三三〇cm以上）——共通項のない人たちは、すべてこの空間に位置している。

恋愛感情を抱くほどの相手ならば、その人の表情を読み、動向をうかがえるくらいの距離にいると考えられる。おそらく、ふだんは少なくとも二番目の対人ゾーンに位置しているはずである。三番目の社会ゾーンで甘んじているとするならば、自分のほうから積極的に近づいてみるのもいいだろう。

しかし、自分から相手の親密ゾーンに踏み込んでみたときに、相手が居心地の悪そうなそぶりをしたら、相手には、まだあなたを受け入れる準備ができていないということである。いつまでもその場に居座らずに、とりあえず対人ゾーンまで距離をおくのが得策である。

対人ゾーンで様子をうかがいながら、十分に親交が深まったと実感できたら、あらためて近づくチャンスをうかがってもいい。しかし、確証が持てなければ、早まった行動に出るべきではないだろう。

このように、二人の距離を測るときに大切なのは、自分を中心に考えるのではなく、中心はあくまでも「相手」であるということ。自分を中心にゾーンを意識すると、相手が自分の思い通りに近づいてこないと不満が募り、暴挙に出る恐れがある。

相手を中心に据えれば、自分がいったいどの位置にいるのかを客観的に観察できる余裕が生まれ、冷静に対処できるのである。

5 ホンネを出したほうが好かれる！
（もっと深い関係になる心理分析②）

感情的な人間というと、理性に欠ける人間であると思われがちである。

怒りの感情を誰彼かまわずぶつけてこられると、「もう、たくさんだ」と、思わず逃げ出してしまいたくなることもある。

また、悲しみの感情を場所もわきまえずに垂れ流されては、まわりを困らせるばかりで、これも困りものである。

このように、「感情」を「理性」の反意語としてとらえるなら、感情的な人間が否定されてしまうのもしかたがない。

とくに、怒り、ねたみ、退屈といったマイナスの感情が度を越せば、人を動揺させたり不快にさせたりするために、どうしても嫌われてしまう。

そうなることを恐れるのか、理性的な人間を自負する人たちは、感情を表に出すまいと努めるのである。

このような人は、感情をコントロールすることは、すぐれた能力であると考えている。また、知性や自信を備えている者は、人前ではめったに感情を表さないものだ、と信じているフシもある。

たしかに、感情というのは一種の弱みであるから、他人の前ではできるだけ見せないでいるほうが楽なのかもしれない。

ただ、感情を抑え隠してしまうと、人の目には、無関心、無感動な冷酷さに映ってしまうことがある。無表情のポーカーフェイスは、かえって人を遠ざけてしまう。まして恋愛は感情の産物なので、恋が生まれることもない。

前述のように、「感情」は「理性」の反意語かもしれない。しかし、その一方では「感動」の同義語であると解釈できる。

「感情」を感動を伝える気持ちだととらえれば、それを表現することに負い目を感じることなどない。むしろ、人とのコミュニケーションをより円滑にするための武器になる。

●「ホンネ」は、どこまで見せてもいいのか？

感情豊かに表現し、相手の感情に訴えれば、それだけ相手の記憶に残りやすいという研究結果もある。

相手の感情を刺激して相手の心にしっかり存在感を残すことができるのは、理性ではなく、感情なのである。

たとえば、ひそかに思いを寄せている人と、心がウキウキするような楽しい時間を過ごせたときには、満面の笑顔で「楽しい」を連発すればいいのである。

遠慮して口の端だけで笑ったり、無用なプライドによって冷静を装ったりする必要などない。心からの感情を表現すれば、「あなたと一緒にいるから楽しい」という思いが、きっと相手に伝わるはずである。そして、そこに恋が生まれるのである。

楽しい時間を共有できるのは、大きなメリットである。ただし、大げさにはしゃいで反感を買わないように気をつけなければならない。

悲しみやつらさなどの感情も、心のままに素直に表現してもマイナスにはならない。素直に表現したほうが相手も共感しやすく、心が一つになりやすい。

これらの感情が人を困惑させたり混乱させたりするとしたら、それは相手に同調を強要するからである。つまり、

「私はこれくらい悲しいの。わかるでしょう？　かわいそうでしょう？」

「こんなにつらい思いをしているのよ。ねえ、なぐさめてよ」

などと、もの欲しそうなホンネを垣間見たときに、相手は疎《うと》ましく思うのである。

悲しみやつらさに耐える姿は、たしかに好ましい。

しかし、耐え続けるばかりで心の弱さを見せてくれない相手には、物足りなさを感じることもある。

「自分だけに素直な感情を見せてくれた」という思いが、やがて、「自分は信頼されている」「自分が守ってあげなくてはならない」という使命感に、そしてさらに恋愛感情にまで発展していくのは珍しいことではない。

6

（もっと深い関係になる心理分析③）

うまくいったときのことだけ、考えればいい！

スポーツの世界では、イメージトレーニングによって心身を鍛える方法に注目が集まっているという。勝利する自分をイメージし、リラックスした状態で自分自身をコントロールするという方法であり、これまでにもかなりの成果が報告されている。

恋愛も、ある意味では勝負ごとといえる。その勝負を前にして、なかなか結果が出せないという人がいるのなら、いままでのやり方に何か原因があるはずである。

また、自分には何か足りないものがあるのかもしれない。恋愛戦線における勝利を手にするためには、反省も大切だが、改善も必要である。

まずは、これまでの自分を振り返り、その行動や言動を冷静にチェックしてみる。欠点をリストアップしてみるのもいい方法である。

話しかけられたときに、緊張のあまり、そっけない態度をとらなかっただろうか。気持ちが舞い上がって、いわなくてもいいことまで口にしなかっただろうか。相手の話の腰を折ってしまったことはなかっただろうか。

相手を批判したり嘲笑《ちょうしょう》したりしなかっただろうか。

……などなど。あらためて過去の自分を振り返ってみると、これまで見過ごしてきた奇行や愚行に気づくものである。そして、いままで、なぜうまくいかなかったのか、その原因と思われることが、おぼろげながら見えてくるのである。

ここまでできれば、あとはそれを実際に生かすだけ。ただし、実際の恋愛の場面では、冷静に行動しようと思っても、思い通りに自分をコントロールすることは難しい。そこで、事前にイメージトレーニングを行なっておくのである。

相手と対峙《たいじ》したときに、どんなふうに行動したいのか、どんな話題を提供したいのか、どんな表情で微笑みたいのか……と頭の中でイメージしていく。もちろん、そのイメージの中での最終ステージは、恋愛の成就という勝利のシーンである。

このトレーニングを繰り返すことで、相手に対する緊張感も薄れ、自信とゆとりを持って行動できるようになる。非常にリラックスした状態で臨むことができるので、一番自然で、一番魅力的な自分を表現できるというわけである。

いままで本当の自分を表現できなかったという人、そしてそのために後悔し続けてきたという人には、試してみる価値はあるだろう。

PART 6

恋に自信がつく心理分析

この態度で決まる！「駆け引き」の心理法則

押すべきとき、引くべきときは、ここで使い分ける!

理想の相手にめぐり合い、デートがはじまったとしよう。うれしい瞬間ではあるが、あくまでそこはスタートライン。ゴールではなく、本当の恋愛はそこからである。デートでは、誰もが、好きな人との愛情を深めたい、幸せな時を一緒に過ごしたいと、夢を描き、行動する。

みんな思いは同じだが、思い通りに恋を楽しむ人がいる一方で、悲しい結末に涙する人がいる。

恋愛に成功する人と恋愛に失敗してしまう人では、何が違うのであろうか。それは運だけとはいいきれない。恋愛の成否を大きく左右するのは、相手の心理分析と、それに応じた駆け引きである。

駆け引きというとイメージが悪いかもしれないが、相手を騙すために仕掛けるものではなく、自分と自分の思いをより効果的に知ってもらうための、つきあい方の工夫である。

はじめは、二人で一緒にいられるだけで十分に幸せを満喫できるだろう。

しかし、時が過ぎれば、お互いの気持ちのすれ違い、生活や仕事の違い、男女の違いなどが、葛藤《かっとう》や衝突を生む。また、関係がマンネリ化したり予想外のアクシデントに遭遇したりして、パニックに陥ることもあるだろう。

そんなときに無理に突っ走ってしまったり、相手の心の状態を見誤ったりして、ひとりで取り残されてしまうこともあるかもしれない。

相手の歩調が緩慢になったときには、元気づけたり手を貸したりしなくてはならないだろうし、ときには休息が必要な場合もあるだろう。

こういうときに、相手の心の状態を分析して見極め、その場に応じたやりとりの工夫をこらすことが、ここでいう駆け引きなのである。

駆け引きの基本は、〝押し〟と〝引き〟である。積極的に仕掛けなければならない〝押し〟のときと、気持ちを抑えてじっと耐えなければならない〝引き〟のときがあるということを知っておくべきだろう。

この二つのアクションを、相手の心の状態に応じて、また、場面に応じて的確に組み合わせて使い分けることである。

1

（心を動かす心理分析①）

この「視線」で、相手の気持ちは思いのまま！

これまで、恋愛におけるアイコンタクトの重要性については再三述べてきた。

人間の目には、感情的なメッセージを伝えたり、また読みとったりする能力が備わっている。そして、アイコンタクトによって刺激された脳からは、エンドルフィンやドーパミンをはじめとする、さまざまな物質が分泌される。

これらの相乗効果によって、ますます恋愛にのめり込んでいくのである。

しかし、ただ相手を見つめればいいというものでもない。目には表情があり、人の心を動かすだけの力もある。場面によって使い分ければ、相手をコントロールすることも可能なのである。

相手に向ける視線の種類は、その強弱のレベルによって次の五段階に分けられる。視線の強さによって、人に与える印象が大きく変わるのだ。

逆に、心理分析の面からいえば、視線の強さから相手の気持ちがわかるのである。

●凝視する目

鋭い眼光を放ち、無表情で相手を見つめるアイコンタクトからは、相手に威圧感を与えようとしていることがわかる。

また、凝視によって、相手の感情が表に出るのを誘い出すことができる。誰かにまっすぐ見つめられたとき、その相手の目の中に表情を探ることができる。

熱いまなざしであれば、「自分に好意を持ってくれているのかもしれない」、悲しみをたたえた目をしていれば、「何かつらいことがあって話を聞いてほしいのかな」……などと、相手の心を推し量ったり、読みとったりすることができる。

しかし、無表情のままじっと凝視すると、相手はこちらの心を読むことができない。何を考えているのだろうかと不安になる。読みとることができないのだから、心の中を憶測するしかないのである。

その際、自分の心の中に恥じる部分がなければ、相手の無表情からは情報を汲みとることはできなくても、動揺することはない。相手に向かって「どうしたのか」と平常心で尋ねることができる。

しかし、相手の心の中に不誠実な部分ややましいことが浮かび上がってきたときには、とたんに焦《あせ》りが生じることになる。

「あのことがバレてしまったのだろうか」「あのときのことを怒っているのだろうか」……と、自分の側に非があるのではないかと思いはじめ、頭の中を想像が駆けめぐる。つまり、相手の心を推察するのではなく、自分の心の中を探る作業をはじめてしまうことになる。

恋人が嘘をついているかもしれない、隠しごとがあるかもしれないと思いながらも、その真相を言葉で尋ねることがはばかられることもあるだろう。そんなときは、無表情のままじっと見つめて、相手の出方を待ってみる。

みるみるうちに焦りの表情が浮かんできたら、そのときにこそ真偽を確かめられるだろう。凝視するその目は、そのくらいの力を持っているのである。

●注目する目

柔らかな表情で相手を見つめるアイコンタクト。好意を抱いていることや、興味を抱いていることがうかがえる。

腕のいい面接官は、応募者を凝視するのではなく、柔らかなまなざしで見つめ、まず応募者が安心できる雰囲気をつくり出すという。

面接の目的は、アラを探すことではなく、長所を見つけることであると認識しているからであろう。自分に興味を持ってくれていることがわかれば、応募者も自分を思う存分アピールできるからである。

恋人同士が向かい合っているときは、互いが互いを注目し合っているという状態が理想である。信頼感や愛情の証明になる上に、ほかに目を向ける気持ちなど微塵《みじん》も持っていないという誠実さが確認できるからである。

相手が悩みごとを抱えていたり、自信を喪失していたりするようなときには、目をそらさずに、じっと注目してあげればいい。

「何があっても、私は信じている」「あなたはやればできる人なの」……などと言葉に出すのは照れくさいし、言葉にすると、かえって信憑性《しんぴょうせい》が薄れる場合もある。ひたすら柔らかなまなざしで見つめてあげれば、何より元気づけられるはずである。

●眺める目

穏やかな表情で、見るとはなしに視線を向けるだけのアイコンタクト。その場の緊張感を和《やわ》らげ、リラックスさせようとしている目である。

相手がいいにくいことをいおうとしているときや、一世一代の告白のチャンスをうかがっているときなどは、何気ない視線を向けてあげるといいのである。

プロポーズを予感させるような空気のときは、切り出す側はもちろんのこと、空気を感じる受け手の側も緊張してしまうだろう。目にも力が入り、相手の目をしっかり見据えてしまいがちである。

しかし、そこであえて相手を〝眺める〟だけにとどめておくのである。そうすれば、自分も相手も、そして二人を取り巻く空気も、一瞬のうちに和らぐだろう。

●泳がせる目

無感動を装ったまま、相手を基点にして視線をあちこちに移動させるアイコンタクト。相手の話に集中できない、退屈している、困惑している……などの心の内がうかがえてしまう。逆に、これを利用して相手にこういった気持ちを伝えることができる。

どんなに仲のいい恋人同士であっても、いつも意見が一致するわけではない。どんなに相手が熱弁を振るって思いを語ってくれたとしても、どうしても同意できない場合もある。また、思いがけない無理難題を押しつけてくることも、長いおつきあいの中では出てこないとも限らない。そんなときは、異論を唱えたり説得したりすることで解決への道を探ってもいいが、どうしても意見の一致が図れない場合もある。

「このままでは水掛け論だ。さっさと話を切り上げるに限る」

そう思ったときは、視線を泳がせてみるのもひとつの手である。視線が空中でバチバチと火花を散らすような状態では、互いにテンションが高まる一方で、事態はますます混乱するばかりである。

しかし、聞き手の視線が自分に集中していないと感じたとき、話をする側は違和感を覚え、一瞬ひるむ。そして、上がりきったテンションも、しだいに落ち着きを取り戻すようになる。そこでハッと我に返るわけである。

行きすぎた気勢をそぐ必要があるときは、ぼんやりと宙に視線を泳がせてしまうのが効果的である。

●そらす目

相手に一瞬、目を向けるが、次の瞬間、すかさず相手から視線を外すアイコンタクト。これは、これ以上踏み込んできてほしくないという拒否の姿勢である。

話したくないことを無理に聞き出そうとしたり、こちらの思惑を無視してプライベートな部分にズカズカと踏み込んできたりする人がいる。

「いいかげんにしてほしい。そこまでいわれたくない」とタンカを切ってしまうのは簡単である。しかし、ここまではっきり口に出していえる人は少ない。たとえ口に出すことができても、おそらく、その後の二人の間にはわだかまりが残ってしまうだろう。

そこで、相手の言葉をさえぎるのではなく、相手の視線をさえぎってしまうのである。いっさい視線を合わせないことで、拒否のメッセージを伝えているわけである。

恋人同士として長い期間を過ごしてつきあいも深まってくると、相手への気配りをつい怠ってしまうことがある。それを、遠慮なくなんでもいい合える仲になったと思うのか、それともデリカシーのない人だと非難するようになるのかは、人それぞれである。

相手が自分とすべて同じ考えであると思い込むのは思い上がりである。相手の拒否の姿勢に注意して、相手の好き嫌いを理解しておくことが大切である。

2

（心を動かす心理分析②）

困ったときには「笑う」だけでいい！

笑顔にはすごい力がある。悩みを抱えているときや落ち込んでいるときというのは、気持ちも顔も固くこわばってしまう。気持ちのほうをすぐに切り替えたり立て直したりするのは難しいが、顔の表情だけに限れば、一瞬で切り替えることができる。

多少強引にでも、鏡に向かって「ニッ」と口角を上げてみると、それまでこわばっていた顔が一瞬にしてほぐれる。鏡の中の情けないような笑顔を見ると、つい微笑んでしまい、心まで軽くなるのである。

つまり、笑顔をつくる顔の表情は、それ自体が心を和らげる信号を発信しているということになる。

赤ん坊はよく笑顔を見せてくれる。ようやく目が見えるようになったばかりなのに、何が楽しいのか、よく笑う。そして、そんな笑顔を見ると、誰もが思わず笑顔を向けてしまうのである。笑顔というのは、自分が幸せになれるだけではなく、まわりも幸せにする力を持っているのである。

笑顔を向けられて不愉快になる人はいない。笑顔には笑顔で応えたくなる。赤ん坊は、幸せだから笑っているのではなく、笑っているから幸せなのだといえる。いくら使っても減るものではないのだから、笑顔をもっと活用していいのではないだろうか。

たとえば合コン等、複数の人間が入り交じっている場所で、自分が話をしているときに笑顔を向けてうなずいてくれる人がいるとする。すると、いつのまにかその人に目を向けるようになる。

自分に注目してくれる人や、もしかしたら好意を持ってくれているのではないかと思わせるような人は、決して見逃さないものである。そして、いつのまにかその人だけに向かって話し続けるようになる。

笑顔には、「私はあなたに心を許しているよ」「私はあなたの味方だよ」というメッセージを込めることができるのである。

●傷つけてしまった相手には、この表情が効く!

また、自分にはそのつもりがなくても、知らず知らずのうちに相手を傷つけるような発言をしてしまうこともある。議論が白熱して、いわなくてもいいことまでつい口を滑らせてしまうこともある。

「しまった、いいすぎた」と思ってあわててとりつくろおうとしても、固く引きつった表情のままでは、相手の反感を買うばかりだろう。「私はあなたとあくまでも対決するつもりだ」といっているようなものだからである。

そこでニッコリ笑顔を見せることができれば、ピンと張りつめた空気が一瞬ゆるむ。相手が「この人は私の敵ではない」と認識するからである。

しかし、たとえ、困ったような、あるいは引きつったような笑顔であってもかまわないのである。その場合は、「困ったな、本当はあなたと争うつもりなどなかったのに……」というメッセージを伝えることができるからである。

自分の立場が悪くなれば、自分を弁護しようと躍起になる。そして、心の中では「自分は間違っていない。なぜわかってくれないのか」と、つい相手を責めてしまいたくなるだろう。そういうときこそ、まず、笑顔である。

心の中の思惑がどうであろうと、「ニッ」と頰をゆるませてみる。それは、やがて自分の心をゆるませ、その場の空気をゆるませ、相手の心をゆるませるのである。

3

（もっと強気になれる心理分析①）

自信を取り戻す法――「惚《ほ》れた弱み」は、これで隠せる！

恋愛関係にある二人は、〝好き〟のレベルがほぼ同じであることが最も望ましい。自分が相手を思うくらい、相手も自分のことを思ってくれているという関係が、一番バランスがよく、無用なトラブルも避けられる。

このバランスが崩れたとき、二人の間に微妙な優劣関係が生じることがある。より愛されている側の立場のほうが強く、より愛する側は、いわゆる〝惚れた弱み〟から、相手のいいなりになってもかまわないと思う。

しかし、そのような不均衡が続けば、それはもはや恋愛関係ではなく、主従関係に等しいといわざるをえない。

もともと私たちには支配欲求があり、それを満足させられるような立場を与えられれば、とことん相手を従属させることに快感を覚えてしまう。

支配欲求が刺激される一方で、はじめに生じたアンバランスさがますますエスカレートすることになる。

このような主従関係であることに互いが納得していれば問題はない。なかには、他人に従い、尽くすことだけに喜びを感じる人もいるからである。

しかし、通常は一方的に従わされる側の不満は募る。相手の身勝手さに振り回されるばかりでは、屈辱感は増すばかりである。

それでも、このまま恋愛関係を維持していくためにはしかたがないことだ、とあきらめてしまうのである。

このような関係は、健全な恋愛関係とはいえない。どこかで修正を施すべきである。問題なのは、相手の身勝手な行動を容認してしまっていること、そして、そんな自分を卑屈に感じてしまうことである。

●相手に振り回されていると感じたときは……

自分に自信を持つことができないと、その自信のなさは姿勢に表れる。背中を丸め、相手の顔色をうかがい、上目遣《うわめづか》いに人を見るようになる。これでは魅力も半減する。

このような状況を打開するには、何らかのきっかけが必要である。

その方法は、きわめて簡単。それは、〝姿勢を正すこと〟である。単純すぎるようであるが、姿勢の良し悪しは、体全体の印象を一変させる。自信や落ち着きを感じさせるし、品のよさや有能さなどを印象づけることもできるのである。

目指すべきは、多くの人の前をさっそうと歩くファッションモデルである。彼女たちが美しく見えるのは、何もその容姿やスタイルがすばらしいからだけではない。背筋をピンと伸ばし、まっすぐに前を見て、よどみなく歩くテクニックを持っているからである。

背中を伸ばして姿勢を正すと、心まで開放的になる。そうすると、不思議なもので、まわりの目に映る印象が変わる。そして、その心地よい視線が、さらに自信を持たせてくれるようになるのである。

いままでに、対等な恋愛ができない、相手に気を使ってばかりで楽しくないと感じたことがあるなら、それは姿勢に問題があったのだろう。

もちろん、心の姿勢が大事であるが、心の姿勢を正すためには、まず、体の姿勢を正すことである。心と体は切り離すことはできない。必ず連動しているのである。

4

（もっと強気になれる心理分析②）

「攻撃的」な相手をかわすには……

人を従えることで自分のアイデンティティを確立したがる、支配欲求の強い人間がいる。とくに男性にはその傾向があり、性格も攻撃的で、扱いづらい人間として敬遠されがちである。

しかし、そういう男は、その反面、自分に従ってきてくれる人間は全力で守ってやりたいと願う熱血漢でもある。そのためか、攻撃的であるにもかかわらず、「本当はやさしい人なの」と心引かれてしまう女性は多い。

ただ、熱くなりすぎて暴走してしまったときには、誰の言葉にも耳を貸さなくなる。ほうっておけばエスカレートし、止めようとしても止まらない。こういう男性とつきあっていくと決意をした人は、対策を講じておくことが重要である。

攻撃的な人間に対してとる行動は、基本的に五つある。戦う、逃げる、隠れる、助けを求める、そしてなだめる、の五つである。

まず、戦うことについては、避けたほうが無難である。どんな相手であれ、自分に刃向かう人間に対しては悪い印象を持つ。プライドを傷つけるような言葉で攻撃してくる人間がいれば、おそらく容赦しないだろう。

また、その場から逃げる、身を隠すということは、今後、その人とは二度と関わりを持たないと宣言するようなもの。攻撃的な性格の人は、自分の強さを認めてくれる人をそばに置きたがり、その役割を果たしてくれない人には用はないのである。

では、ほかに助けを求めればいいのかというと、それも具合が悪い。自分と同じか、それ以上に強い人間がいることを認めたくないわけであるから、今度はその助っ人に向かって攻撃を仕掛けるだろう。

そして、その助っ人に頼ったあなたに対して不信感を抱くようになる。

●「支配的な相手」を最も満足させる態度とは？

攻撃に対する対処法は五つあると述べたが、今後もその人と恋愛関係を持ち続けたい場合は、対処法はたったひとつ。攻撃的な性格の恋人に対して可能な対処法は、なだめることしかないのである。

ただ、なだめるといっても、相手にそうと悟られてはならないところが難しい。

「自分はなだめられているんだ」と感じさせてはならないのである。

あくまでも、「この人は自分に従ってくれている、自分の強さに引かれている」と思わせて、相手の優越感をくすぐるのが基本である。

そのときの重要なポイントは、自分を小さく見せること。肩をすくめる、あごを引くときに上目遣いで相手を見上げる、お辞儀をする……などの方法で体を小さく見せる方法もあるが、小さな声で話す、一歩後ろに下がる、相手の話に大きくうなずく……などの方法で、「自分は小さい存在で、あなたの傘下《さんか》にある」ということを示すこともできる。

自分を恐れて尊敬してくれる人物とわかれば、外敵からは命がけで守ってくれるだろう。そうすることで、ますます自分の優位を誇示したいからである。

支配欲求の強い攻撃的な人は、近づきがたい、難しい人間に見える。しかし、ツボを押さえて心をつかんでおけば、これほど扱いやすい人種はいない。それどころか、半永久的に大切にしてもらえるのである。

しかも、程度の差はあれ、ほとんどの男は支配欲求を持ち合わせているものである。一見頼りなさそうな男に見えても、自分より弱い人間を支配したいと思っているし、危機的状況に陥っているときには、救い出したいとも思っているのである。

人に慕《した》われたり頼りにされたりすることが嫌いなわけではない。心のどこかでは、そうされたいと願っているものなのである。

そのチャンスさえつくってやれば、意外にたくましい一面をのぞかせてくれる男はたくさんいるはずである。

5

（もっと強気になれる心理分析③）

伝えるべきメッセージ、伝えてはいけないメッセージ

日常生活の中では、いつでも自分の思う通りにことが運ぶとは限らない。わかってほしいと思ったことが相手に伝わらずに悔しい思いをすることも少なくはない。だからといって、「どうせわかってもらえないのだから……」とあきらめてしまうのは早計である。

たとえば、好きな人に告白するときのことを思い浮かべてほしい。ただ、「おつきあいしてほしい」と切り出しただけでＯＫをもらえるのは、この上ないラッキーである。

何の前触れもなく突然、告白に踏み切っても、相手が戸惑ったり、「いままで考えたことがなかったから」といわれたり、やんわり拒否されたり……。

しかし、どうしてもあきらめきれないときは、さらに食い下がっていく。相手のことをどれだけ思っているか、どんなところを好きになったのか……と、自分の思いをまっすぐに伝えていくうちに、相手の心が動くこともある。

ここで重要なのは、〝自分の思い〟を伝えるという点である。「おつきあいをしてほしい」という、いわば〝自分の都合〟だけを押しつけるだけでは、相手の心を揺さぶることは難しい。〝自分の思い〟を相手に示すからこそ、相手の心に届くのである。

しかし、恋人同士としてつきあう時間が長くなればなるほど、自分の思いを語ったり伝えたりする努力を怠るようになる。

それどころか、「恋人なのだから当然、相手は自分の思いを汲みとってくれるはず」と思い込むようになる。

互いにこのような考え方をすれば、二人の心が離れていくのも当然である。互いの傲慢《ごうまん》さは非難するものの、自分の傲慢さにはまったく無頓着《むとんちゃく》であるという状態。このような偏《かたよ》った考え方が、二人を破局に導くのである。

相手にわかってほしいと思うことがあるのなら、〝自分の都合〟だけでなく、〝自分の思い〟を語ればいいのである。

●「してほしいこと」は、こうすれば通じる！

たとえば、デートの約束をしていたのに、突然、残業を頼まれたとする。人には任せられない仕事で残業はまぬかれず、結局、恋人との約束を断らなくてはならないといった場合、恋人にはどんなふうに伝えるだろうか。

「急に残業しなければならなくなったので、今日は行けない」というだけでは、相手は納得できないだろう。

「人には任せられない大事な仕事なんだからしかたがない。それくらいわかってよ」といっても、相手に不満は残るだろう。

「今日のデートを楽しみにしていたのに、急な残業で、自分も残念に思っている。でも、自分が手がけてきた仕事だから、責任を持ってやらなければならない」と、自分の切なる思いを添えて伝えると、ほとんどの相手は納得してくれる。〝事実〟や〝都合〟だけではなく、〝思い〟を語ることを怠ってはならないのである。

これは、恋人に何かをねだるときにも大きな効果を発揮する。

たとえば、なかなか結婚に踏みきってくれない恋人に業を煮やし、とりあえず自分の親に会ってほしいと頼むとき。

「親が会いたがっているから、今度の休日に家にきて」

「まだ早いだろう。そのうち、時期がくれば行くよ」

「時期っていつなのよ。はっきりしてよ」

……これでは交渉決裂である。自分の都合を押しつければ、相手の都合を押しつけられてもしかたがない。

「私は結婚相手はあなたしかいないと考えている。あなたは?」

「そう考えているよ」

「じゃあ、そのことを私の親にも話してほしい。あなたのことを一番大切な人だと紹介したい」

……恋人の熱い思いを聞かされて、心を動かされないパートナーはいないだろう。まっすぐな思いには、まっすぐな思いで応えたいと思うものである。

PART 7

会話の心理分析

〝正しい判断〟ができる人の心理術

恋愛がうまくいく人は、正しい「ノー」がいえる人！

日本人は、なかなか「ノー」をいえない。相手に悪く思われたくない、自分の立場を悪くしたくない、という意識が働くからだろう。

ましてや、相手が恋人の場合、関係を悪くしたくないので、「ノー」といいたいところを抑えてしまい、あやふやにしたり、相手の喜ぶ顔を見たくて、ついつい心にもないイエスをいってしまったりする。

他人から何か要求されたときに、それを受け入れることができない理由には、時間的な都合、物理的な都合、あるいは心情的な都合などいろいろある。たとえば、デートに行けなくなる理由として、残業を頼まれることもあれば、体調が悪くて家に帰りたいと思う場合もある。ときには「なんとなく気分が乗らない」と思うときもある。

それを相手にわかってもらうためには、まず「ノー」といわなければならない。しかし、できない理由をわかってもらおうとあれこれ言い訳しているうちに、最終的には思わず「イエス」といってしまう自分がいる。そして、またしても「ノー」といえない自分を責めてしまうのである。

本来、この手の「ノー」は、そのときの都合を伝えるための意思表示である。相手を拒絶したり、相手の人格を否定したりするわけではないのだから負い目を感じることはないが、どうしても考えすぎてしまい、かえって事態をこじらせてしまう。

恋愛シーンで正しく「ノー」を告げられなければ、思わぬ厄介ごとを抱えてしまうことにもなりかねない。また、「ノー」といえない自分に欲求不満が募らせては、恋愛自体がつまらなくなる。恋愛を楽しむためにも、どのようにしたら上手に「ノー」といえるかを知っておくことが大切である。

日本人がうまく「ノー」をいえないのは、困ったことに、それをうまく表現する適当な言葉がないからである。これまでは、「ノー」といわなくても角《かど》を立てずに人間関係を保つことができた。しかし、個人主義の時代に入った現代では、はっきり「ノー」を主張する必要がある。

幸い、日本にはしぐさで「ノー」を表現する方法がたくさんある。また、相手のしぐさに対する注意力も発達している。だから、視線や表情、姿勢を駆使して、うまく「ノー」を表現することである。

1 思いがけない告白――傷つけない、傷つかない「ノー」の伝え方
（自分のペースに引き込む心理分析①）

「あなたを見込んで頼みごとがある」と相談ごとを持ちかけられたとき、あなたならどう対応するだろうか。

たしかに、「見込まれたこと」はうれしい。だから、見込んでくれた人に対して義理を果たさなければならないという心理が働き、ついつい「イエス」と受け入れてしまう人は多い。

相手側としては、頼みごとの内容が面倒なことであればあるほど明確にいいづらい。だから、具体的な内容を明かさないままイエスの返事を引き出そうとする。「あなたを見込んで……」という言葉による頼み方のウラには、このような心理があることを知っておく必要がある。

そんなとき、あなたならどう反応するだろうか。とりあえず、「私にできることなら……」と口に出してしまうのではないだろうか。これでは、なかばイエスと即答しているようなものだ。内容を聞いたあと、「とても私にはできない」といっても、す

でにあとの祭り。その時点では「ノー」といえない状況になってしまっている。そこで、相手は「あなたならできる」と断言すればいいだけである。

こうして、結局、無理難題を押しつけられてしまうことになる。しかし、頼まれたことをこなすのにどんなに時間がかかっても、どんなに心身をすり減らしても、一度引き受けるといったからには、途中で覆《くつがえ》すことは難しい。ついつい「イエス」といってしまう人とは、もともと非常に義理堅い人か、あるいは「ノー」と言う勇気のない気弱な人である。最初の申し出を断ることのできない人が、途中で断るのは不可能であろう。

●告白する人、される人のホンネ

異性からの告白も、実は「あなたを見込んで……」という頼みごとのひとつである。何しろ、数ある異性の中から、「この人だ」と見込んで交際を申し込むのだから、告白された側は、いわば選ばれた人。大いに自尊心を刺激されることになるのである。

もちろん、相手がよほど嫌いな人間ならば、「ノー」をいい渡すことは可能だろう。

しかし、そう悪い人でなければ、できるだけ傷つけたくないという意識が働くものである。相手が真剣であればあるだけ、その思いは強くなる。そして、つい「あなたの気持ちはうれしい」とか、「友だちからなら……」などというセリフが口をついて出てしまうことがある。

相手にとっては、「イエス」の返事をもらったも同然だろう。言質《げんち》をとったことで、相手はその後も積極的に行動を起こし、相手のペースで交際は進んでいくことになる。

告白した人にとっては計算通り。しかし、打ち明けられた側の気持ちとしては、曖昧な気持ちのままでスタートしてしまったという後悔の念を引きずることになる。

もちろん、なかには相手のペースに乗せられたまま交際が発展したものの、意外に二人の仲がうまくかみ合うこともある。

しかし、このような偶然を期待するのでは、あまりにも消極的すぎる。多くの場合、時が過ぎるとともに迷いや不安は膨らんで、我慢を重ねたあげく、不本意な恋愛ごっこに時間を費やすことになってしまうものである。これは、みずから退屈な恋愛に身を投じているということである。

●告白されたとき、最も気をつけるべきこと

思いがけない人から交際を申し込まれた場合、まず、何を心得ておけばいいかとい

うと、その場で結論を出そうと焦らないこと。「ここでノーといったら、相手が傷つくかもしれない」と思いやるあまり、「イエス」といってしまいかねないからである。

また、交際を申し込まれた直後は、うれしさでテンションも上がっているために、冷静に相手の性格や自分の気持ちを見つめる余裕がないまま、反射的に「イエス」と口走ってしまいがちである。これは避けなくてはならない。もともと自分の恋愛の範《はん》疇《ちゅう》になかった相手ならば、〝即答しない〟ことが基本。つまり、時間を稼ぐのである。

電話やメールで申し込まれたときには、「あとでこちらから連絡します」と返事を先延ばしにして、相手を分析し、自分の気持ちを整理する時間を確保したい。

面と向かって告白された場合には、とりあえず会話を中断する。「イエス」と即答してしまわないためにも、何か理由をつけてその場を離れるのがいい。相手のペースに乗せられて、その場に長居することだけは避けるようにしたい。

そして、気持ちを落ち着かせてから、「いま、この場で答えることはできない」と穏やかに告げるのである。

あなたには、答えを出す前に考える権利がある。相手と自分の心理を分析するためには、時間を稼ぐ必要があるのだ。

2 「俺についてこい」タイプを黙らせる、こんなやり方
（自分のペースに引き込む心理分析②）

同性同士は、互いに共通項を見つけたとき、引かれ合い、意気投合することが多い。同じ趣味や嗜好《しこう》を持っているとか、同じグループに所属しているといったきっかけから仲を深めていくものである。

異性が結びつく場合はどうだろうか。共通項を持っていることも大事なポイントだが、自分にはない部分を持っている人に引かれることも多い。これを「相補性の法則」といい、自分に足りない部分を補ってくれる異性が、非常に魅力的に見えるのである。

話し上手と聞き上手のペアを筆頭に、「俺についてこい」タイプと「あなたについていきます」タイプのペア、理数系の男と文科系の女性、饒舌《じょうぜつ》な女性と寡黙な男……等々。自分にないものを持っていると思うと、相手を尊重し、感謝する気持ちになる。そこから愛情が生まれるのである。

しかし、似たもの同士よりも正反対のほうがバランスは崩れやすい。どちらかが自分の力を過信しはじめたり、恋愛に上下関係を持ち込んだりしたとき、そこでバラン

スは大きく崩れることになる。

たとえば、話し上手を自認する人間は、自分が会話をリードしていることに慢心して聞き手の努力を無視しがちである。聞き手の巧みなリードがあってこそ楽しい会話が成り立っているのだ、ということを忘れてしまうのである。

聞き手は、ただ漫然とうなずいているわけではない。相手が気持ちよく話ができるように、タイミングを見計らってアクションを起こしているはずである。

しかし、話し手がその気持ちのいい状態をあたりまえだと思ってあぐらをかいてしまったとき、対等であった関係はバランスを失う。四六時中、同じ人の話ばかり聞かされていては、たとえ人の話を聞くのが好きな人でも閉口してしまう。

また、「俺についてこい」タイプの人間の場合も同様である。「自分がついていてやらなければならない」と思わせる相手というのは、決して頼りないわけではなく、実は支配欲を満足させてくれるありがたい存在なのである。おそらく、恋愛初期には、そのことを十分に理解していたはずである。

ところが、交際を続けていくうちに、「自分だけが偉いのだ」と勘違いし、相手を自分の思惑通りにコントロールしようとしようとする。従っているほうも、相手の欠点が徐々に見えてくると、ただ強がるためだけに威張っているように見えてしまう。

いずれの場合も、割に合わない思いを強いられるのは、相手の動向を気遣いながら、受け手の役割をこなしてきた側の人間である。

もともと控えめな性格で、リードされる側の立場をみずから選択したのであろうが、相手があまりにも身勝手な言動を続ければ、しだいに不満はたまってくる。ときには、相手のいうことに反発もしたくなるはずである。

●身勝手な相手の要求をどう断るか？

しかし、身勝手にふるまう相手に対して意見をいいたくても、相手の言い分に反発したくても、その思いはなかなか相手には届かない。

これまで相手にいわれるまま素直に応じていたのなら、なおさらである。勇気を奮《ふる》って切り出しても、話半ばでシャットアウトされてしまうだろう。押さえ込まれてしまっては、手も足も出ない。このような高圧的な相手に対して「ノー」を告げるには、いったいどうすればいいのだろうか。

非常に難しいことのように思えるかもしれないが、意外にも、「相手の言葉を反復する」というシンプルな技が有効である。忠実に反復した上で、自分の思いを少しずつ明らかにしていくのである。

相手の言葉を繰り返すということは、「あなたの言葉はちゃんと聞こえたし、いいたいことは理解できた」と相手に伝えるという意味がある。

話の内容に触れることは極力避けたほうがいい。弁の立つ相手にわざわざ言い訳の余地を与えることになるので、その時点では、内容についてはいっさい触れずに、ただ淡々とオウムのように繰り返すほうが有効なのである。

たとえば、次の休日には二人で出かける約束をしていたのに、彼が前日になってその約束を反故《ほご》にした上に、「俺の友だちが、おまえの手料理を食べたいっていうんだよ。みんなで行くから、ごちそうをつくっておいてくれよ」といい出したとする。

それで納得できるのであればいいが、こちらの言い分を聞きもせずに勝手に決めたことに対して納得できないのなら、そこですぐに「イエス」といってはならない。

不満や怒りを抱えたままその日を迎えても、自分自身が楽しくないし、相手の友人たちにその不機嫌が伝わってしまっては失礼になる。何より、相手の身勝手さに対する欲求不満が募り、今後の二人の仲に影を落とすことになる。

●相手が自分から反省するテクニック

そこで、「相手の言葉を反復する」という方法で抵抗を試みてみることをおすすめする。


「明日、私がごちそうをつくるの？　じゃあ、一緒に出かける約束は？」

「今度でいいだろ？　もうあいつらと約束しちゃったんだよ」

「お友だちと約束しちゃったのね。じゃあ、私との約束は中止なのね」

「しかたないだろう。みんながどうしてもっていうから」

「みんながどうしてもきたいっていったのね」

「そうだよ。俺から誘ったんじゃないよ」

「あなたから誘ったんじゃないわけね」


……こうして、相手のいうことをただ繰り返し、事実だけを淡々と確認していく作業に徹するのである。会話の途中で内容に触れたり非難したりすると、相手はとたんに反撃に転じてくるだろう。

「なぜ、事前に相談してくれなかったの？」

などと責めれば、相手は負けまいとして、あなたの発言をつぶしにかかるだろう。

「そんな状態じゃなかったんだ」
「俺の友だちがくるのが不満なのか？」
「俺の友だちを大切にできないのか」

……と、しだいにエスカレートする。傲慢な人間は、決して負けを認めない。ついには、あなたに「ごめんなさい」といわせてしまうだろう。

相手の言葉を繰り返してさえいれば、相手はあなたを攻撃することはできないし、あなたがつい「イエス」と口を滑らせてしまうことも避けられる。

こうやって、相手に自分の発言を心理分析させることによって、相手は、自分がどんなに身勝手なことをいっているのか、徐々に気づいていくのである。

3 「優柔不断」な相手に決断させるには……
（自分のペースに引き込む心理分析③）

強引に意見を主張するわけでもなく、取り乱したりわめき散らしたりするわけでもない。しかも、一見、頼りなげで控えめな印象なのに、最終的には自分の思い通りにことを運んでしまう人がいる。

本人が意識的にそう仕向けているのかどうかはわからないが、常にその人の言いなりになっている自分に気づいて、「あぁ、またか……」とため息を漏《も》らしてしまうことはないだろうか。本当は、その控えめな印象操作のウラにある心理を読みとらなければならないのである。

しかし、その場で不快な思いをさせられるわけではないので、あからさまに怒りを感じることはない。ただ、割り切れない思いが積み重なると、相手への不信感につながってしまうこともある。

相手の計算通りにコントロールされていると感じ、それに不満を感じるのなら、それが怒りに変わって爆発してしまう前に、二人のつきあい方を修正する必要があるだろう。自分だけが常に手玉にとられていると思っている状態は、対等な恋愛関係とはいえない。

食事に出かけるときも、気がつけば、いつも相手の好みのレストランばかり。「私はこの店に行きたい」と主張してみるものの、「君も喜んでくれると思うよ」という殺し文句に逆らうことができずに、つい、相手の言いなりに行動してしまう。

あなたの誕生日が近づけば、「プレゼントは何が欲しい？」と尋ねてくるものの、こちらが欲しいものを告げても、すでに相手は予算内で購入するものを決めている。そして、「僕はこっちのほうが君に似合うと思うよ」というセリフに、「それでいいわ」と答えざるをえなくなる。

相手が挑戦的ではない分、こちら側からムキになったり抵抗したりすることができない。

こちらが自分のいいたいことを主張しても、一人相撲をとっているようなもので、結局は相手のペースに巻き込まれてしまうのである。まずは、自分の土俵に相手を連れ込むことである。

●白か黒かの対立には、「青がいい」といってみる

このように、のらりくらりとかわしながら自分の思い通りにことを進めてしまう相手に対して一矢報いるには、第二候補を用意しておくことである。

まず、自分が望むことを提案する。それに対して相手は、究極の殺し文句と一緒に、用意していたアイデアを提供してくることだろう。

しかし、ここで引き下がらずに、こちら側も用意していたもうひとつの提案を披露するのである。つまり、こちらが譲歩したという形をとりながら、ペースをつかむのである。

「第一案は引っ込める。でも、自分は第二案も用意してきている。だから、せめてこちらだけでも通してほしい」と訴えるわけである。おそらく、相手はこの思いがけない反撃にひるむはずである。

ひとつの事柄をめぐって、片方が「これは白だ」、もう一方が「これは黒だ」と互いに主張し合うと、いい争うことになる。これが最も一般的な衝突である。

しかし、相手は過激な争いを好まない人間である。こちらの「これは白だ」という言葉を否定するのではなく、「うん、そうかもしれない。でも、僕は君が黒だといっ

てくれるとうれしい」という言い方で、自分の意見を受け入れてもらおうとするのである。

こうなってしまうと、相手の思惑通りに、こちら側としてはそれ以上、白を主張するわけにはいかなくなる。

しかし、そこで相手の言いなりになるのではなく、まったく別の方向からアクションを起こしてみると、新しい展開になる。

たとえば、「それなら、青ということで納得しましょうよ」と提案するのである。この思いがけない提案に、相手は反論できない。反論すれば、最も避けたいはずの争いになってしまうからである。

●なかなか踏みきれない相手を動かす法

この方法は、相手がなかなか結婚に踏みきってくれない優柔不断な男性でも有効である。

二人の間では将来の話もするようになり、結婚するのもそう遠い話ではなくなっているにもかかわらず、なかなか話が具体化しない。肝心なところでのらりくらりと避けられているなと感じたら、視点を変えて、まったく別の方向から第二案を提案してみることも必要である。

「いつ、家族の人に紹介してくれるの？」

「タイミングを見計らって、そのうちにね」

……これでは、いつまでも同じやりとりを繰り返すばかりである。

「とりあえず、婚姻届だけでも書いちゃおうか」

「今日、これからうちの父がくるから会ってね」

「じゃあ、披露宴に招待する人だけでも決めておこうよ」

……などと、相手の意表をつく第二案で自分のペースに持ち込んでしまうのが効果的である。

4 「ごめんね。でも……」――このフォローがいい関係をつくる

（「NO」といえる心理分析①）

人が人を「好き」と思う気持ちには、いくつもの種類と、いくつものレベルがある。そのなかでも、とくに男女の恋愛はデリケートで、その種類と段階がぴったり一致しなければ成立しない。

たとえば、一方が異性として好きだという気持ちが芽生えていて、もう一方が友人として好きだという気持ちしか持てないでいるとする。

この場合、両者の「好き」の種類が異なっているために恋愛関係は成り立たない。この不一致が明らかになると、二人の関係が揺らぎはじめることになる。

また、互いに異性として好きだという気持ちは一致していても、そのレベルに差がありすぎると、すれ違いが生じてしまうことがある。

「一日中、一緒にいたい」と思う女性と、「一週間に一度会えば十分だ」と思っている男性との間には、おそらく言い争いが耐えないだろう。また、結婚したくない女性と、結婚したがる男性のケースも同様である。

しかし、たとえ好きの種類が違っても、好きのレベルに差があっても、「好きだ」と思う気持ちがあるならば、二人の間にある関係をあえて消滅させることはない。一致しないという事実を無視するわけにはいかないが、相手との関係をバッサリ切り捨ててしまうのは早計である。

たとえば、幼なじみとして一緒に育ってきたはずの相手から、恋愛対象の相手として告白を受けたとする。

しかし、相手に恋愛感情は持つことができない場合、「異性として好きになることはできない。ごめんね」と、その気持ちをストレートに伝えてしまうだけでは、せっかくの幼なじみとしての関係もそこで終わってしまうことになる。相手も相当深い痛手を受けるだろう。

とってつけたような「ごめんね」も、相手をさらに落ち込ませるだけである。

●「ノー」の言葉は「イエス」の合間に

こういう場合は、どういう種類の「好き」であれ、好きだという気持ちに変わりはないことを相手に伝わるように工夫することである。コツは、「異性として好きにはは

なれない」というメインの内容を、「幼なじみとして大好きだから、その関係は大切にしたい」という言葉で、両側からはさみ込んでしまうのである。

つまり、いいづらいけれど伝えなくてはならない話の前後に、相手を尊重するメッセージを持ってくるのである。

この場合、言い訳や弁明は必要ない。「好きだ→でも異性としてではない→それでも好きだという気持ちに嘘はない」といった流れである。

印象のいい言葉ではさみ込んでしまうことで、相手に深い傷を負わせることなく、伝えなければならないことも間違いなく伝わるという仕組みである。

この方法は、不本意ながら相手の要求を受け入れられないという場合であれば、どんなときでも応用可能である。

友人に相談に乗ってほしいと持ちかけられたが、あいにくほかに用事があって断らざるをえないときには、こういう流れになるだろう。

「あなたの力になりたいと思っている↓でも、今日は都合が悪い↓私に声をかけてくれてうれしかった」。または、「何か悩んでいるんじゃないかと、ずっと気になっていた↓でも、今日は都合がつかない↓ほかの日なら、あなたのために時間をつくれる」といった具合である。

「ほかの日にしてくれない？　今日は大事な用があるの」などと、相手の悩みが大事ではないような印象を与えてしまっては、反感を買うだけである。

今後も友人としてつきあっていきたいなら、相手を傷つけないことを第一に考えるべきだろう。

5

「ノー」をいいたい相手に、絶対にいってはいけない一言

（「NO」といえる心理分析②）

これまでも好感を持ったことがないし、これから友人としてつきあっていくつもりもない。どちらかといえば嫌いな部類の人間から告白されたとする。

そんなときは、心情としては迷惑きわまりなく、できれば一言、「ノー」とだけ告げたいことだろう。

しかし、相手が誰であろうと、敵をつくってしまうのは得策ではない。

とくに、いまは不安定な世の中である。自分が世の中の中心にいると勘違いしている人間や、自分の心すらコントロールできない弱い人間も少なくない。逆ギレされたり恨みを買ったりする可能性も視野に入れておかなければならない。

だからといって、「友だちとしてなら……」とか、「気持ちはうれしい」などと中途半端な思いやりを示すのは逆効果。勘違いされて、つきまとわれることがないとはいえない。

あくまでも、確実に「ノー」のメッセージを伝えることが基本。しかし、そのなか

で、最低限の〝義理〟だけは果たしておくのである。

開口一番、「おつきあいすることはできない」ということを確実に伝える。そのあと、「陰ながらご活躍を祈っています」とか、「お仕事がんばってくださいね」など、当たりさわりのない程度の社交辞令を述べておく。

そして、最後にもう一度、「申し訳ないが、おつきあいはできない」と、とどめを刺しておくのである。

●「一縷《いちる》の望み」は持たせてはいけない！

「あなたにはふさわしくない」とか、「もう少し早く出会えればよかったのですが……」などと、相手が一縷の望みを持ってしまうような内容の言葉は、いっさい発しないほうがいい。

望みを持ったままでいると、相手は説得をはじめてしまう。説得に対してまともに相手をしてしまうと、相手の思いはどんどん膨らんでくる。それでも説得しきれなかったとき、相手の落胆は大きい。相手の心の中に逆恨《さかうら》みの種を植えつけてしまうことになる。このような事態は避けなければならない。

本来なら、人間対人間は話し合いが必要である。相手に自分の思いを伝えるには、言葉を駆使して説得や交渉をすることが基本である。

しかし、世の中にはそれが通じないケースもあるのだということを理解しておくべきだろう。

相手を怒らせたくない、落胆させたくないという思いやりも、人によっては利用される場合もある。

そのたびに我慢を強いられるのでは、心も体もすり減ってしまう。

理不尽な要求にひたすら耐え抜くことはない。報われない行為を繰り返すことはないのである。

6

「いい人と思われたい」という気持ちが人を傷つける

（「NO」といえる心理分析③）

人は誰でも好かれたいと思う。しかし、〝誰からも〟好かれることは不可能である。たとえ、あなたが人から好かれるためにありとあらゆる努力をしたとしても、あなたに反感を持つ人は必ずいるものである。

常識がある、真面目である、いい人……これらは本来、ほめ言葉のはずである。しかし、度を越せば、とたんに欠点に変わる、危うい評価である。「常識を振りかざされてもねぇ」「生真面目すぎるのよね」「いい人なんだけどね」……といった具合に、陰口のネタにされてしまい、ただ融通《ゆうづう》のきかない〝つまらない人〟というレッテルを貼られることにもなりかねない。

「ノー」というべきときに「ノー」をいえないのは、誰からも好かれたいという、およそ不可能な願望によって心が支配されているからである。いわば、自分で自分に手かせ足かせを装着しているようなもの。このように縛りつけられた状態であがいても、自分がつらくなるばかりである。

人から助けを求められたとき、「力を貸してあげなければならない」と思い込むから、かえって身動きがとれなくなる。「力になれることがあるかしら」と申し出て、その決定を相手にゆだねてしまってもいいのである。

どんな場合でも「人を傷つけてはならない」という義務感にとらわれてしまうから、結局、自分が傷ついてしまうことになる。「傷つけたくない」という気持ちだけを大切にすればいいだけのことで、その結果まで自分が背負う必要はない。

頼みごとをされたとき、「その期待に応えなくてはならない。期待を裏切ってはならない」と力が入りすぎるから、身も心も硬直してしまい、視野も狭くなる。「期待されたことはうれしい。だから、できることはしてあげよう」と思うだけでいいのである。解決しなければならないのはあくまでも当人で、頼まれた側には何の責任もないはずである。しかし、〝いい人〟に限って、なぜか自分の肩に責任を負ってしまうのである。

とくに恋愛がらみのやりとりでは、無理に〝いい人〟を装ってはならないのだ。

本書は、本文庫のために書き下ろされたものです。

外見《がいけん》から心理分析《しんりぶんせき》ができる本《ほん》 [男《おとこ》と女《おんな》]篇《へん》

著者　齊藤 勇（さいとう・いさむ）

発行者　押鐘冨士雄

発行所　株式会社三笠書房

〒112-0004 東京都文京区後楽1-4-14

電話　03-3814-1161（営業部）03-3814-1181（編集部）

振替　00130-8-22096　http://www.mikasashobo.co.jp

印刷　誠宏印刷

製本　宮田製本

ISBN4-8379-6156-8　C0111

王様文庫

話し方を変えると「いいこと」がいっぱい起こる！　植西　聰

見た目、性格よりも、話し方が大事！　言葉は、心の状態、考え方を切り替えるスイッチです。幸せな人は〝幸せになる言葉〟を、美しい人は〝美しくなる言葉〟をつかっているのです。「いい言葉」は、夢のようなビッグな幸運をおもしろいほど引きよせます！

「朝2分」ダイエット　大庭史榔

体重8キロ減！　ウエスト10㎝減、続々！　今まで、「食事」と「運動」でやせられなかった人は、骨盤に問題があるかもしれません。「ベッドに寝たまま深呼吸」だけで、骨格のゆがみがとれ、体質改善。おなか、お尻、太ももスッキリ！　体がみるみる美しく変わります！

Happy《しあわせ》名語録　ひすいこたろう＋よっちゃん

口にする言葉がすべて〝現実〟になるとしたら……？　本書は天才コピーライターが、毎日が「いい気分」でいっぱいになる〝魔法の言葉〟を選び抜いた名言集。読むだけで人生の流れが変わり、「心のモヤモヤ」が晴れていくのをきっと実感できるはずです！

願いをかなえるカラーセラピー　高坂美紀

今すぐできる＆楽しくできるノウハウが満載の一冊！　◆性格や行動パターンで「オーラカラー」を診断！　◆《願い別》未来を変えるカラーヒーリング　◆そこにいるだけで運がよくなる「インテリアカラー」◆名前と誕生日でわかる「スピリチュアルカラー」

K40024